Gerhard Wehr

PARACELSUS

Gerhard Wehr

PARACELSUS

AURUM VERLAG
FREIBURG IM BREISGAU

FERMENTA COGNITIONIS
Band 6

1979
ISBN 3 591 08118 3

Gesamtherstellung:
Landsberger Verlagsanstalt Martin Neumeyer,
Landsberg am Lech.
Printed in Germany.

EINE GEHEIMNISVOLLE HIEROGLYPHE

Es gibt magische Namen, deren Kenntnis und Gebrauch geistige Wirkkräfte, wenn nicht ganze Welten zu beschwören vermögen. Einer von ihnen heißt *Paracelsus.* »Wie eine geheimnisvolle Hieroglyphe zieht sich durch die neuere Geistesgeschichte der Name des Paracelsus und rührt die Geister zu hohem Gespräch«, gibt der Heidelberger Medizinhistoriker Heinrich Schipperges zu bedenken[1].

In der Tat, die geistige Gestalt dieses Mannes, der von seinen Zeitgenossen und Nachfahren mit Lob und Bewunderung, freilich immer wieder auch mit Tadel versehen worden ist, fordert zur Auseinandersetzung heraus. »Wir sind einfach fasziniert von einem Phänomen, das zwischen den Zeiten des Mittelalters und der Moderne steht, zwischen den Fakultäten der alten Scholastik, aber auch zwischen den Weltanschauungskämpfen des Humanismus; von einem Phänomen, das uns zum Schlüssel werden könnte für Vergangenheiten wie für Künftiges. Suchen wir doch in Theologie und Philosophie, nicht zuletzt auch in der Medizin, wohl mehr, als unsere Wissenschaften uns heute zu bieten haben«, fügt Schipperges an anderer Stelle hinzu[2].

Doch worin besteht das »Mehr«, wenn es sich nicht um eine spirituelle Vertiefung handelt, die uns ein qualitativ erweitertes Welt- und Menschenbild ausgestalten läßt? Daß Paracelsus, der Arzt und der Naturphilosoph, der esoterische Christ und der alchimistische Sucher hilfreiche Winke zu geben habe, darüber sind sich die Geistesverwandten seit langem einig, so schwierig es im einzelnen sein mag, ein authentisches Bild von dem Hochgerühmten zu enthüllen. An Ruhm und Würdigung mangelt es freilich nicht. Hierfür nur einige Beispiele:

Mit keinem Geringeren als mit jener antiken Gründergestalt der Medizin, Hippokrates, vergleicht ihn bereits Giordano Bruno (1584). Der Universalgelehrte und

Philosoph Gottfried Wilhelm Leibniz (1677) bestätigt auf seine Weise den geistesgeschichtlich wie medizingeschichtlich hohen Rang des Renaissancearztes. Daß Goethe bereits als 19/20jähriger im Zusammenhang seiner frühen naturphilosophischen und mystisch-okkultistischen Studien auf paracelsisches Schrifttum stieß, ist nicht verwunderlich. Seine Geistesverwandtschaft ergibt sich aber vor allem daraus, daß Goethe in seinem *Faust* jene Gestalt erstehen ließ, mit der der faustisch agierende Paracelsus korrespondiert wie das Phänomen mit dem Urphänomen (im Goetheschen Sinne), das Bild mit dem Urbild. Demselben Goethe, der die »anschauende Urteilskraft« ausgebildet hat, und der drei Jahrhunderte nach Paracelsus zu einer qualitativen Naturbetrachtung gelangt ist, wird in seiner *Geschichte der Farbenlehre* (1810) Paracelsus »deshalb merkwürdig, weil er den Reigen derjenigen anführt, welche auf den Grund der chemischen Farbenerscheinung und Veränderung zu dringen suchen . . . Man ist gegen den Geist und die Talente dieses außerordentlichen Mannes in der neuern Zeit mehr als in einer früheren gerecht . . .[3]« Das trifft in der Tat zu, seit Goethe und seit der Romantik, zumal es die – wie Hegel – nach begrifflicher Klarheit Fragenden mit einem Menschen schwer haben, der mit den Stoffen, Elementen und Tinkturen in unmittelbarer Beziehung zu stehen scheint und der daher besonderer Definitionen und gedanklicher Operationen gar nicht bedarf. Es ist wahr: Sich nach Paracelsus erkundigen, das heißt nach einem außerordentlichen Menschen fragen, der in vielen Bereichen, in der Medizin und in der Naturforschung, in den Keimgründen der Philosophie und der Religion zu Hause ist. Daß diesem von Erleuchtungen, aber auch von Leidenschaften und Widersprüchen heimgesuchten Mann Abgründiges, Elementarisch-Eruptives anhaftet, gehört zu der unverwechselbaren Signatur seines Wesens und seines unruhigen Lebens. Carl Gustav Jung, der als Tiefenpsychologe und als Erforscher der archetypischen Bildwelt dem Arzt und Alchimisten an vielen Stellen seines Werks große Aufmerksamkeit geschenkt hat, stellt als ein auf seine Weise kongenialer Schüler dem älteren Basler Kollegen und Meister das Zeugnis aus:

»Er war ein gewaltiger Sturmwind, welcher alles auseinanderriß und alles zusammenwirbelte, was sich irgendwie von der Stelle rücken ließ. Wie ein Vulkanausbruch hat er gestört und zerstört, aber auch befruchtet und belebt. Man kann ihm nicht gerecht werden: man kann ihn immer nur unter- oder überschätzen . . . Paracelsus ist ein Meer – oder weniger freundlich – ein Chaos, und insofern er eine historisch beschränkte, menschliche Persönlichkeit ist, kann man ihn als einen alchemistischen Schmelztiegel bezeichnen, in welchen die Menschen, Götter und Dämonen jener ungeheuerlichen Zeit der ersten Hälfte des 16. Jahrhunderts, jeder einzeln, ihren besonderen Saft gegossen haben . . .[4]«

Kein Zweifel auch, wem es um Fermenta cognitionis, um Antriebskräfte eines tieferen Erkennens zu tun ist, der findet solche bei Paracelsus in reichem Maße, wenngleich nicht in einer destillierten, verfeinerten Form, sondern eher in ihrem Urzustand. Hier lebt ein Mensch, der Urstoffe aus sich heraussetzt –, nicht ohne Gepolter, wie sich schon nach der Lektüre weniger Seiten zeigt.

Hier steht ein Mensch vor uns, der in Geheimnisgründe der Wirklichkeit geblickt hat und bei dem dieses Schauen sein ganzes Schaffen bestimmt.

SPUREN SEINES LEBENS

Ein Jahr nachdem Kolumbus den neuen Erdteil entdeckt hat, wird er Ende 1493 in dem schweizerischen Wallfahrtsort Einsiedeln in der Nähe der Teufelsbrücke, westlich des Zürcher Sees im Kanton Schwyz geboren. Sein ursprünglicher Name ist Theophrast Bombastus von Hohenheim. Er wird damit unmittelbarer Zeitgenosse jener großen Geistesbewegungen, in deren Folge das Antlitz Europas in geistiger und in kultureller Hinsicht grundlegend verändert wurde. Es ist das Zeitalter der Renaissance, des Humanismus und der Reformation. Der Wittenberger Reformator Martin Luther ist bereits zehn Jahre alt. »Es ist eine Lust zu leben«, ruft der fränkische Humanist Ulrich Hutten, der ein Menschenalter später auf der nahen Ufenau im Zürcher See sein kurzes Leben beendet. Der nach dem Geburtsort seines Vaters genannte Mann aus Köppernig, Nikolaus Kopernikus, ist gerade dabei, die Grundlagen für seine revolutionierende Entdeckung zu machen.

Nehmen wir noch die anderen großen Gestalten aus Wissenschaft und Kunst an dieser Wende vom 15. zum 16. Jahrhundert hinzu, dann sind bereits wesentliche Signaturen genannt, die das Jahrhundert des Paracelsus bestimmen. Da die Mutter offensichtlich früh gestorben ist, siedelt der Vater Wilhelm Bombast von Hohenheim mit dem etwa achtjährigen Sohn ins österreichische Villach, um dort den Posten eines Stadtarztes zu bekleiden. In der Absicht, selbst Arzt zu werden, beginnt der etwa 16jährige seine Studien gemäß der damaligen Schulordnung. Da genaue biographische Daten fehlen, läßt sich nur mit einer gewissen Wahrscheinlichkeit sagen, daß der junge Mann in Wien in die sogenannten Freien Künste (artes liberales) eingeführt worden ist. 1511 kann er mit dem eigentlichen Studium der Medizin beginnen. Er tritt somit in die Fußtapfen seines Vaters.

Wenn sich auch nicht alle späteren Lebensstationen des Paracelsus mit letzter Sicherheit aufzeigen lassen, so steht doch außer Frage, daß er sich in der Praxis des Vaters gründlich umgesehen hat. Und so lesen wir im Zweiten Buch seiner *Großen Wundarznei:* »Von Kindheit auf habe ich die Dinge getrieben und von guten Unterrichtern gelernet, die in der ›adepta philosophia‹ (Naturphilosophie) die ergründetsten waren und den Künsten mächtig nachgründeten. Erstlich Wilhelmus von Hohenheim, mein Vater, der mich nie verlassen hat, dem nach und mitsamt ihm eine große Zahl.«

Paracelsus übertreibt nicht. Denn die Zahl seiner Lehrer ist überhaupt nicht abzuschätzen. Nicht nur bei denen geht er in die Schule, die vom hohen Katheder herab dozieren und Doktorhüte zu vergeben haben, sondern bei allen, die in der Lage sind, seine von ihm selbst mit Stolz gerühmte »Erfahrenheit« zu vermehren wissen, also bei Bergleuten, Rutengängern, Alchimisten, Praktikern aller Art, den seriösen, aber auch bei den weniger seriösen. Was allein zählt ist die »Kunst«, das Können und die Fähigkeit, auf allerlei Weise an das Geheimnis der Natur heranzukommen und den Schleier der Göttin Natura ein wenig zu lüften.

Als ein Ergebnis der neueren Paracelsus-Forschung ist wohl das »humanistische Bildungserlebnis« des Hohenheimers hervorzuheben. Wir wissen beispielsweise, daß der Weitgereiste nicht erst »unterwegs« mit der Geistesbewegung des frühen Humanismus in Berührung kam, sondern daß die Beziehung zu humanistischen Kreisen bis in seine Jugend, ja sogar bis in seine Kindheit hineinreicht. Eine Reihe von Bischöfen gehört zu den ersten Lehrern, nicht zu vergessen der in naturphilosophischen wie in praktischen naturkundlichen Fragen erfahrene Abt Johannes Trithemius von Sponheim (1462–1516), »zeitgenössischem Zeugnis nach ein überaus gelehrter ›Okkultist‹ geistlichen Standes[5].«

Bei ihm, aber nicht nur bei ihm und bei seinesgleichen, wird Paracelsus mit der Philosophia adepta, mit der Natursicht der Adepten eines neuplatonischen, hermetisch tingierten Humanismus bekannt. Theophrastus wäre nicht Paracelsus, hätte er sich nicht auch und gerade auf anderer Ebene, gleichsam unmittelbar vor Ort gründlich umgesehen. Er weiß, daß nicht alles auf den Hohen Schulen in Deutschland, Italien oder Frankreich sowie in den Zirkeln der literarisch hochgebildeten Gelehrten zu erlernen ist. »Er muß – so berichtet er von sich selbst – auch zu Zeiten zu alten Weibern, Zigeunern, Schwarzkünstlern, Landfahrern, alten Bauersleuten und dergleichen mehr unachtsamen Leuten in die Schul gehen und von ihnen lernen, denn diese haben mehr Wissen von solchen Dingen denn alle hohen Schulen.« Entsprechendes ist auch in der *Großen Wundarznei* nachzulesen. Paracelsus zögert jedenfalls nicht, seine Gewährsleute zu benennen. Dieser Tatsache ist schließlich auch zu entnehmen, daß es für ihn nicht nur keine gravierenden Standesunterschiede gibt, sondern daß er aus seiner Zuneigung zum »gemeinen Volk« kein Hehl macht. Seine Parteinahme für die sozial Schwachen zur Zeit des Bauernkriegs deutet in die Richtung. Dem Humanisten ist nichts Menschliches fremd.

Wer auf Rang, Stand und Abkunft achtet, bei dem legt ein solcher Mann wenig

Ehr ein. Paracelsus schert sich nicht im geringsten darum, auch nicht, was die Kollegen aus der eigenen Zunft über ihn sagen. Es ist freilich alles andere als schmeichelhaft. Er vergilt Gleiches mit Gleichem –, auch ein Simile (Ähnlichkeis)-Prinzip! Wie vertraut ihm die grobe Tonart ist, entnimmt man am besten aus seinem eigenen Mund. Doch verfolgen wir zunächst seinen weiteren Bildungsgang:

Das medizinische Doktordiplom holt er sich (wahrscheinlich) als Zwanzigjähriger in Ferrara, wo er bis 1516 bleibt und sein Studium abschließt. »Da verließ ich der alten Skribenten Bücher und Schriften mit samt ihrem Geschwätz, das da pflegen die von den Hohen Schulen.« Die übliche schulmäßige Methode hat ihm keinesfalls das gegeben, was er gesucht hat. Er, der in jungen Jahren Venedig, Bologna, Florenz, Siena, Rom und viele andere Städte gesehen hat, sagt sich: »Die Augen, die in der Erfahrenheit ihre Lust haben, dieselbigen seien deine Professores.« Und so geschiehts.

Da macht sich einer auf, das »Licht der Natur« mit eigenen Augen anzuschauen, wo immer es sich zeigt, vor allem unabhängig von den anerkannten Institutionen und vor allem unabhängig von den Titelträgern. Sein Wahlspruch lauet fortan:

»Alterius non sit, qui suus esse potest – Keiner sei einem anderen hörig, der sein eigener Herr sein kann!«

Aus diesen Worten spricht ein Programm. Paracelsus ist gewillt, es darzuleben. Er wird zum Landfahrer. Es ist die Zeit, in der Luther seine 95 Thesen anschlägt: Reformation in Europa. Die nach Freiheit und nach sozialer Gerechtigkeit begierigen Bauern entrollen ihre Fahnen: Bauernkrieg in Deutschland. Paracelsus durchstreift Deutschland und er durchstreift Europa, ein Naturforscher auf großer Fahrt. Denn: »Wer die Natur durchforschen will, der muß mit den Füßen ihre Bücher treten. Die Schrift wird erforscht durch ihre Buchstaben, die Natur aber von Land zu Land: so oft ein Land, so oft ein Blatt! Also ist der Codex naturae, also muß man ihre Blätter umkehren«, verteidigt er sich in seinen *Sieben Defensiones*. So findet man den forschenden Arzt nicht nur in Italien, sondern auch in Frankreich und in den Niederlanden. Auf den alten Pilgerstraßen wandert er über Santiago de Compostella bis nach Andalusien hinunter, aber auch bis nach Litauen, Polen, Ungarn, Siebenbürgen und in die Walachei. 1524 kehrt er nach Villach zurück, und er bemüht sich um eine ärztliche Praxis in Salzburg. Aber wer Land und Leute, auch die Not des kleinen Mannes kennengelernt hat und selbst unter der Enge der kleinbürgerlichen Verhältnisse aufwuchs, der macht aus seinem Herzen keine Mördergrube. Der sozialkritische Paracelsus steht im Verdacht, mit den aufrührerischen Bauern zu sympathisieren. Das ist um 1524/25 keine Empfehlung, wo immer die Feudalherren, die kleinen und die großen, die geistlichen und die weltlichen, das Sagen haben.

Erst 1526 findet der Ruhelose, inzwischen 33jährig, in Straßburg eine Bleibe – eine vorläufige, versteht sich. Unter dem 5. Dezember 1526 ist dem »Theophrastus von Hohenheim, der Arznei Doktor« das Bürgerrecht der Stadt Straßburg verbrieft. Dem Umstand, daß kein Geringerer als Erasmus von Rotterdam und dessen humanistisch gelehrter Buchdrucker Johannes Frobenius den kundigen Arzt konsultieren, verdankt es Paracelsus, daß er in Basel Fuß fassen kann. Etliche andere namhafte Bürger der Stadt kommen mit ihm in Berührung. Schon ein halbes Jahr nach der Straßburger Einbürgerung finden wir Paracelsus in Basel, und zwar in Amt und Würden: Mit seiner ärztlichen Tätigkeit ist ein Lehrauftrag an der Basler Universität verbunden. Mit einer provokanten Ankündigung seiner Vorlesungen beginnt er im Juni. Die Kollegen sind empört. Denn kaum hat der angeblich würdelose »Landfahrer« Basler Boden betreten, da bekommen sie zu spüren, wer er ist: Kein bloßer Titelträger wie andere deklarierte Ärzte, auch keiner, der nur auf die Worte von Hippokrates oder Galenus oder sonstwen schwört, sondern einer, der sich auf »Erfahrung und Vernunft (experimenta ac ratio)« allein stützt. »Deshalb, teuerste Leser, wenn jemanden die Mysterien dieser apollinischen Kunst erfreuen, wenn ihn Liebe und Verlangen treiben, und wenn er in nur kurzer Zeitspanne gründlich lernen will, was zu dieser Wissenschaft gehört, dann möge er sich alsbald zu uns nach Basel begeben, und er wird dort noch ganz anderes und weit größeres, als ich hier in Kürze beschreiben kann, erfahren.«

Schreibts und schreitet zur Tat: Auf dem Marktplatz der Stadt wirft er vor den Augen der erstaunten Öffentlichkeit eines der herkömmlichen Lehrbücher der scholastischen Medizin ins Johannisfeuer. Man schreibt den 24. Juni des Jahres 1527. Zehn Jahre zuvor sorgte Luthers Thesenanschlag für Bewegung; wenige Jahre zuvor (1520) verbrannte der Wittenberger Reformator mit der Bannandrohungsbulle päpstliche Rechtsbücher. Die Parallelität ist somit beabsichtigt. Die Reformation der Medizin ist proklamiert. Ihr Reformator heißt Paracelsus. Nimmt es da wunder, daß sich Paracelsus nicht länger als ein weiteres halbes Jahr in Basel halten kann?

Anfang 1528 verläßt er fluchtartig die Stadt am Rhein Richtung Colmar. 1529 finden wir ihn in Nürnberg. Seine Studien über die berüchtigte »Franzosenkrankheit«

(Syphilis) werden veröffentlicht. Der Augsburger Fugger setzt beim Nürnberger Magistrat ein Verbot der Schriften durch. Grund: Paracelsus weist die Wirkungslosigkeit des aus Südamerika importierten angeblichen Syphilis-Heilmittels, des Guajakholzes, nach. Importeur aber ist die Firma Fugger.

Wieder ist Paracelsus unterwegs. Über Beratzhausen, Regensburg, Amberg, Augsburg wandert er nach Süden. Wichtige Schriften gedeihen gleichsam »unterwegs«, unter ihnen die Bücher *Paragranum, Paramirum, Von den unsichtbaren Krankheiten,* naturkundliche und theologische Traktate. Der Autor Theophrast Bombast von Hoheimheim zeichnet seit den Nürnberger Tagen mit »Paracelsus«. Die magische Hieroglyphe dient fortan als Ausweis und Gütezeichen.

Kaum ein Jahrzehnt sind dem fahrenden Arzt, Schriftsteller, Forscher, – und Laienprediger noch gegönnt. Tatsächlich betätigt er sich im Appenzeller Land neben seinem Arztberuf als Laienprediger (um 1533). Die weiteren Stationen sind: Innsbruck (1534); Ulm, die *Große Wundarznei* erscheint (1536); über München nach Eferding in Oberösterreich (1536/37); Mährisch-Kromau, Preßburg, bei Ferdinand I. in Wien (1537); zwischen 1538–40 erneuter Aufenthalt in Kärnten. Während dieser letzten Lebenszeit entstehen seine *Septem defensiones* und sein *Labyrinthus medicorum errantium.*

Ein vom Geist der Zeit aber auch und nicht am wenigsten ein durch glühende Erkenntnissuche Beunruhigter legt Rechenschaft ab, indem er in sieben Verteidigungsreden (Defensiones) die Bewegtheit seines außerordentlichen Lebens erläutert. Da heißt es beispielsweise in der vierten Defension »wegen meines Landfahrens«:

»Mein Wandern, das ich bisher verbracht habe, ist mir wohl erschlossen, der Ursach halben, daß keinem sein Meister im Hause wächst, noch er seine Lehrer hinter dem Ofen hat. So sind auch die Künste nicht alle in eines Vaterland eingeschlossen, sondern sie sind durch die ganze Welt ausgeteilt. Nicht daß sie in einem Menschen allein oder an einem Ort seien, sondern sie müssen zusammengeklaubt, genommen und gesucht werden, da sie sind ... Wie kann hinter dem Ofen ein guter cosmographus wachsen oder ein geographus? ... Will einer viel Krankheiten kennen lernen, so wandere er auch; wandert er weit, so erfährt er viel und lernt viel kennen ...[6]«

Gemäß dieser Vorstellung sind Wissen und Erkenntnis sowie die auf ihnen gegründeten Praktiken und Methoden auf die gesamte empirische Welt ausgestreut. Man muß nur die Augen auftun und sich auf den Weg machen, um der »Erfahrenheit« vom Augenschein her teilhaftig zu werden. Damit hat Paracelsus seine Erkenntnisart trefflich charakterisiert. Es ist die eines betont extravertierten, d. h. nach außen gerichteten Menschen. Man könnte es auch den »chymischen Weg« nennen[7], und zwar im Gegenüber zum introvertierten, nach innen gerichteten »mystischen Weg«. Beide Wege, beide Erkenntnisarten haben je ihre Berechtigung, ja sie bedürfen einander. Deshalb verdient des Paracelsus Maxime vom wandernden Arzt und Sucher durch die berühmten Sätze aus dem Tao-te-king (Kap.

47; Übersetzt von Rouselle) ergänzt zu werden:

Nicht aus dem Tore gehend,
erkennt man die Welt.
Nicht aus dem Fenster spähend,
erschaut man des Himmels Gang.
Je weiter einer schweift,
um so geringer wird er erkennen.
Darum der Berufene:
  Nicht hingehend erkennt er doch,
  nicht hinsehend benennt er doch,
  nicht handelnd vollendet er doch.«

Ein Mystiker im Sinne des Lao-tse war Paracelsus offensichtlich am allerwenigsten: Er ging hin, sah hin, er handelte. Aber vollendete er auch?

Wer darf von Vollendung sprechen, wo so leidenschaftliches Suchen und so wenig Genügsamkeit mit dem Erreichten ist? Denn kaum tut sich, ein letztes Mal eine Tür auf, als der Fürstbischof von Salzburg den bereits Erkrankten und körperlich Geschwächten zu sich beruft, da sind auch schon die Tage des Rastlosen gezählt. Seit

1540 praktiziert er in Salzburg. Seine Arbeit an den Manuskripten setzt er fort. »Daß die Arbeit aus ist . . .«, wird ihm klar bewußt. Am 21. September sitzt er, ein früh Gealteter, »schwachen Leibs auf einem Reisebettl« und diktiert einem Notar sein Testament. Drei Tage später, am 24. September des Jahres 1541, ist Paracelsus tot. Man begräbt ihn auf dem Armenfriedhof von Sankt Sebastian zu Salzburg.

Ein jäh abgebrochenes Leben und Werk! Und als antwortete der bisweilen von Schwermut Heimgesuchte: »Was das den medicum (Arzt) reut? – Nichts, denn er hat sein(e) Tag vollbracht mit den arcanis (geheimen Heilmitteln) und hat in Gott und in der Natur gelebt als ein gewaltiger Meister des irdischen Lichts.«

Ist das etwa die Stimme eines Entmutigten? Ist das nicht eher die Stimme eines Mannes, dessen Sache weitergeht?

DER MENSCH UND DIE KREATURREICHE

Fragen wir nach dem Grundmotiv, das in mannigfachen Variationen und Modulationen das paracelsische Opus durchwaltet, dann begegnen wir immer wieder dem Menschen. Aber was für einem?

Der schon erwähnte Leitspruch »Alterius non sit, qui suus esse potest« soll uns nicht zu Trugschlüssen verleiten. Es ist nicht der emanzipierte, auf sich gestellte oder gar sich selbst bestimmende Mensch, der geringschätzig auf alles andere, das ist, herabblickt. Eher trifft für den Menschen das Bild vom Brennpunkt zu, in dem sich alle Strahlen des Lichts bündeln und zu neuer Gestalt vereinen. Dieser Mensch ist weder isoliert noch ist er eingegrenzt, vielmehr steht er in einer Vielfalt von Beziehungen. Erst sie lassen ihn seine Besonderheit bewußt werden. Es sind die Beziehungen zur Mitwelt (sozial), zur Umwelt (kosmologisch) und zur Gottheit (religiös-theologisch). Ein unermeßlicher Wirkzusammenhang tut sich auf. Wohl weiß Paracelsus als Christ, dem die Verkündigung und Lehre der Kirche vertraut ist, daß der Mensch als Geschöpf von seinem Schöpfer abhängig bleibt, auch daß er als vergänglicher, heilloser, elender Mensch des Heilenden, d. h. des Christus bedarf. Dieses Wissen wird nicht in Frage gestellt, sondern eher in Kraft gesetzt durch die besondere Sichtweise, an der Paracelsus teilhat und an der er die Leser seiner Schriften bis heute teilhaben läßt. Es ist eine einzige große, von Qualitäten und Kräften durchwirkte Ordnung des Seins, eine Hierarchie, in der ein Oben und Unten, ein Göttlich-Geistiges und das Irdisch-Materielle aneinander gebunden sind, und zwar nicht wie Teile einer Maschine, sondern wie ein von einem verborgenen Leben durchpulster Organismus. Stern, Mensch, Tier, Pflanze und Stein lassen sich begreifen als Strukturelemente und als Kraftfelder kreatürlicher Wirklichkeit. In jedem Geschöpf ist ein *Archeus*, d. h. eine formende, auf das Ziel ihrer Bestimmung hin arbeitende Kraft, die »in der Erde, handelt, kochet und macht.« Oder auf eine knappe Formel gebracht:

»Der Mensch ist die kleine Welt; darum hat er in sich alles, was die große Welt in sich hat, Gesundes und Ungesundes. Nun ist die äußere Welt der Spiegel des Menschen und seine Theorie und seine Anatomie, so daß durch die äußere Welt der Mensch in allen seinen Dingen erkannt wird[8].«

Mit dieser Anschauung stellt sich Paracelsus in eine große Tradition hinein, die ihn mit den alten Philosophen, Naturkundigen und Ärzten der Frühzeit verbindet. Der Mensch bildet den Brennpunkt in einem universalen Kraftfeld geistig-physischer Potenzen. Es ist der Makrokosmos, die große Welt. Aus dem Makrokosmos heraus verlaufen Kraftlinien hin zum Mikrokosmos Mensch. Bis in die Menschenkunde des Arztes hinein will dieser Tatbestand ernst genommen werden. Eine eindrucksvolle Darstellung von der zentralen Position des Menschen als Mikrokosmos findet sich beispielsweise bei Hildegard von Bingen (1098 bis 1179). In ihrem *Liber divinorum operum simplicis hominis* (Buch von den göttlichen Werken des einfältigen Menschen) ist gezeigt, wie Himmel, Erde und Mensch von irdischen und überirdischen Kräften durchwirkt werden. Insofern bietet Paracelsus nichts Neues. Er knüpft vielmehr an Grundvorstellungen an, in denen vorchristliche und christliche Elemente zu einer neuen Einheit verwoben sind.

Wichtig ist für Paracelsus, daß der Mensch nicht nur als ein Naturwesen neben den anderen verstanden wird. Er ist als Geschöpf so auf den Schöpfer bezogen, daß er um diese Bezogenheit wissen kann und aus diesem Wissen heraus seinerseits tätig zu werden vermag: der schöpferische Mensch als Abbild des Schöpfergottes. Dieses Wissen hat er zu betätigen als ein Sucher, als einer, der die Zeichen (Signaturen) liest, die der Schöpfer den Kreaturen eingeprägt hat, und als einer, der sich heilend, verwandelnd in den Kreaturreichen betätigt. In der Nürnberger Syphilis-Schrift *Vom Ursprung und Herkunft der Franzosen* (1529) findet sich die schöne Stelle: »Wie die Blumen aus der Erde wachsen, so wachsen auch die Arzneien unter den Händen des Arztes. Denn er ist in seiner Kunst gleich der Erde, die diese Möglichkeiten in sich hat. So soll er sie auch haben und sich nach ihrem Exempel richten. – Wie du siehst, daß im Winter in deinem Garten kein Kraut noch Blumen stehen, und so verborgen ist die Erde, daß du nicht weißt noch siehst, was in ihr liegt, aber du weißt, daß darin Kräuter, Blumen und mancherlei Gewächs liegen, obwohl du sie nicht siehst. So auch ist die Arznei in deiner Hand. Du siehst nichts in ihr; du weißt aber, daß etwas in ihr gleich einem Samen, der sieht seinem Ziele nicht gleich, dahin er kommt. So ist auch die Arznei in deiner Hand nur ein Samen. Diesen Samen mußt du wachsen machen, auf daß du denselbigen zu dem bringst, das er werden soll . . . Darum, wie der Archeus in der Erde handelt, kochet und macht, so soll der Arzt der andere Archeus sein, der da ebenso verfahre mit seinem Gewächs wie der Archeus in der Erde. Sein Baum wird zu Gold, dein Baum wird zu Arznei; er ist in der großen Welt, du in der kleinen. Laß das

Gold den Samen sein, sei du die wachsende Kraft[9].«

Unüberhörbar ist der Appell, der aus diesen Worten spricht. Erst dann lebt und handelt der Mensch seiner Bestimmung gemäß, wenn er die vorgefundenen Stoffe und Potenzen der Erde gleichsam auf eine höhere Stufe ihrer Entwicklung führt. Ein Musterbeispiel ist ihm, dem Arzt, dabei die Arznei. Alles kann Heilmittel sein, sofern es dem alchimistischen Praktiker und dem Therapeuten gelingt, die verborgene Heilkraft ans Licht zu bringen und zu entbinden. An diesen Gedanken fügt Paracelsus in seinem *Opus Paramirum* (1531) folgende Überlegung an, die den Lernenden mit einem wichtigen Prozeß bekanntmacht:

»Die Rose ist groß im ersten Leben und wohl geziert mit ihrem Geruch; solange sie den hat und behält, solange ist sie noch keine Arznei. Sie muß faulen und sterben und neu geboren werden, – *dann* redet von den Kräften der Arznei, *dann* verordnet sie ... Darum achte nicht auf das erste Leben, suche auch nicht in ihm alle seine Kräfte; das was es ist, zergeht und bleibt nicht. Was nicht bleibt, was nicht in die neue Geburt geht, das geht den Arzt nichts an. – Alle seine Arbeit soll sein, daß die Rose in die neue Geburt gehe; da entspringen die rechten Sulphur, Mercurius und Salz, in denen dann alle Geheimnisse liegen und Gründe, Werke und Kuren. Auf das Leben bau nichts, das das erste ist, auf das andere geh, in selbigem suche[10]!«

Wer diese Sätze auf sich wirken läßt, der wird nicht übersehen, mit welchen Dimensionen Paracelsus seine Schüler einst wie heute konfrontiert. Zweierlei »Leben« unterscheidet er, das »erste«, natürliche, das der Vergänglichkeit unterworfen ist, und das »andere Leben«, das den Fäulnisprozeß einer grundlegenden Veränderung durchlaufen hat. Im Grunde klingt hier ein zentrales christliches Thema an, nämlich das des Sterbens und des Erwecktwerdens, das Geheimnis der neuen Geburt. Man sieht, Paracelsus legt menschenkundliche Einsichten seinem ärztlichen Tun zugrunde. Konkret heißt das: Ein Arzt, der nicht aus eigener Erfahrung von dem Transformationsprozeß weiß, der ist seinem Auftrag nicht gewachsen. Hier wie dort spielt das Mysterium der Wandlung mit herein. Nur was dem Tode abgerungen werden kann, und zwar nicht als bloße Verlängerung oder Verstärkung des Biologisch-Vitalen, geht den rechten Arzt an, von dem der Hohenheimer Meister spricht.

Um den Gedanken des Zusammenhangs von Mikrokosmos und Makrokosmos nochmals aufzunehmen, kann man sagen, daß bei Paracelsus Mensch und Natur – sobald sie im Lichte des Heiligen Geistes stehen – eine Einheit bilden, »weil der Mensch nicht nur als ein Teil zur Natur gehört, sondern auch darum, weil er das Ganze der Natur als *quinta essentia* oder *mysterium naturae* zusammenfaßt. Gefüge und Schichtung der menschlichen Lebensform und Ganzheit sind artgleich der organischen Anordnung des Weltgeschehens überhaupt. Innenwelt des Menschen und Außenwelt (Makrokosmos) sind *ein* Organismus. Durch beide Welten fließt der gleiche Strom des Lebens ...[11]«

So wie nun der Makrokosmos Natur ein einziges großes Buch ist, aufgeschlagen, damit der Mensch darin lese, so ist der Mensch sich selbst ein solches Buch. Er bedarf freilich der Sichtkraft, um durch die Signaturen hindurch Wesen und Bestimmung zu erkennen.

ADEPTISCHE PHILOSOPHIE UND PRAXIS

Theophrastus Paracelsus ist in erster Linie Arzt. Um es aber sein zu können, bedarf er einer gewissen »theorica«, d. h. einer soliden Erkenntnisgrundlage und -methodik, die ihm helfen, den Geheimniszusammenhang von Mikrokosmos und Makrokosmos zu erhellen. Das ist auch der Grund, weshalb ihm kein Weg zu weit und keine Bürde zu schwer ist, um seine Arzneikunst zu erweitern und vor allem zu vertiefen – stets unabhängig von den literarischen Autoritäten. Allein die »Erfahrenheit« und die eigene Erprobung zählt.

All das hindert ihn nicht, überall dort an die Tradition anzuknüpfen, wo Naturschau und Arbeitsweise der Alten eine solche Anknüpfung nahelegen. Und diese Alten sind die Adepten und Hermetiker, die im Geiste des dreimal großen Hermes (Hermes Trismegistos) schauend und intuitiv erkennend in die Tiefen der Natur einzudringen suchen. Ihre adeptische Philosophie hat nichts zu tun mit einer nur denkerischen Auseinandersetzung mit den Fragen des Seins und Werdens. Vor ihnen steht vielmehr ein Bild der kosmischen Wirklichkeit. Männer wie Agrippa von Nettesheim (1486–1535), des Paracelsus wenig älterer Zeitgenosse, haben diese »occulta philosophia« in ihren Werken systematisiert und zusammenzufassen gesucht. Danach ist die Welt dreifach, »elementarisch, himmlisch, geistig, und da die übergeordnete immer die untergeordnete regiert und diese somit dem Einflusse ihrer Kräfte unterliegt und sie empfängt, so strömt der Archetypus selbst und strömt der Schöpfer aller Dinge durch seine Engel, die Himmel, die Gestirne, die Elemente, die Tiere, die Pflanzen, die Metalle und die Steine die Kräfte seiner Allmacht auf uns Menschen aus ...[12]«

Dabei darf angemerkt werden, daß der *Archetypus* die Ideen oder Urbilder des zu Erschaffenden in sich enthält. Eine schöpferisch-geistige Welt vor und oberhalb der sinnlichen, auch der seelischen, ist diesen

Adepten unbezweifelbare Gewißheit. Wesentlich ist dabei ferner, daß diese übersinnliche Welt des Archetypischen nicht etwa unverbunden der irdischen gegenübersteht. Sie wirkt vielmehr impulsgebend, Leben schaffend, Werdeprozesse anstoßend durch alle Sphären des Existierenden hindurch. Das ist die Grundüberzeugung der Hermetiker: daß alles »Untere« unter dem Einfluß des »Oberen« steht. Gleichartiges da wie dort. Eine große Welt der Entsprechungen tut sich auf, zwischen den planetarischen Einflüssen und der menschlichen Anatomie und Physiologie, aber auch zwischen den »Gestirnen« und den Kräften in der mineralischen, pflanzlichen und tierischen Sphäre. Kennt man die einzelnen Entsprechungen und achtet man auf die jeweiligen Signaturen, die diese Bezüge anzeigen, dann bekommt der Praktiker – er sei Chemiker, Arzt oder Apotheker – wichtige Hinweise für seine jeweiligen Operationen. Paracelsus teilt diese Überzeugung und handelt gemäß der Anschauung der Adepten.

Wir wollen uns nun einige Elemente

adeptischer Lehre und Praxis näher ansehen, die einen ersten Zugang zum Werk des Hermetikers und Arztes gestatten.

Die beiden Lichter

Die immer wieder aufgeworfene Frage: »Wo ist Erkenntnis? Wo ist der tragende Grund für das rechte Tun des Arztes?« bewegt Paracelsus zeitlebens. In dem in den letzten Lebensjahren (1537/38) niedergeschriebenen Büchlein *Labyrinthus medicorum errantium* (Labyrinth der irrenden Ärzte) stellt der Verfasser dar, in welcher Lage die Angehörigen seines Standes sind; es ist letztlich die Situation des Menschen schlechthin. Das urtümliche Labyrinth-Motiv trägt dieser Existenzbestimmung des Irrenden Rechnung. In der Vorrede heißt es daher:

»Weil das Irregehn nichts taugt, und weil einer im Irrgang hin und her geht und nicht weiß, wo aus, ist es von nöten, den herauszuführen, der hineingegangen ist; und daß der, der hinein will, nicht hineinkomme, da ist not, daß etwas geschehe und dem zuvorgekommen wird[13].« Was also ist zu tun?

Die Folgerung, die Paracelsus zieht, lautet, »daß der Mensch sein Heil nicht im Menschen als in einem einzigen Meister suchen soll, sondern soll den Menschen fahren lassen und die Hauptbücher suchen, in denselben vollkommen zu werden«. Was aber sind die »Hauptbücher«? Die Aufzeichnungen der Alten sind es keinesfalls. Sie sind ihm »nicht vollkommen, sondern eine ungewisse Schrift, die mehr zur Verführung dient denn zum rechten schlichten Weg«, lesen wir gleich am Eingang des Buches. Daher lautet die Antwort unverblümt: »Das ist der ganze Grund: zu wandeln in dem *natürlichen Licht,* das der Mensch aus sich selbst und aus eigner Vernunft nicht geben kann. Etwas gibt der Mensch, aber unvollkommen; was vollkommen sein soll, das muß weiter gesucht werden, nämlich bei dem Brunnen, da alle Menschen draus trinken.« So wie einst die Apostel nicht aus sich selbst heraus gepredigt haben, sondern »durch den, der mit feurigen Zungen in ihnen geredet hat; der ist ihr Schulmeister gewesen. Eine solche Schule ist auch den Ärzten gegeben, daß also das *Licht der Natur* den Arzt aus der Philosophie, aus der Astronomie unterweise, und nicht der Mensch, in dem doch das natürliche Licht gar nicht ist, sich für sich selbst[14].«

Es ist demnach die Natur selbst, die den Suchenden erleuchtet. Durch ihre vielen Ausgestaltungen hindurch spricht die Weisheit (sapientia) des Schöpfers. Sie ist es, die den Adepten erleuchtet. Das Experiment – Paracelsus spricht von der »allerbereitesten Jungfrau Experimentia« – spielt wohl eine große Rolle. Ohne Vertiefung durch »Contemplatio«, d. h. ohne Vertiefung durch ein sorgfältiges Achthaben auf die Sprache der Natur geht es freilich nicht. Man muß das äußere *und* das innere Auge auftun, wenn der Satz gelten soll, der sich in seinen *Elf Traktaten* findet: »Die Erfahrenheit des Lichts der Natur macht den Arzt und seine Experienz, deren sie doch wenig kennen. Deshalb weil sie die nicht wissen, so ist ihnen ein Erfahrener ebenso viel wie ein Experimentator . . .[15]«

Da sich aber die Weisheit dieser Welt – innerhalb des Mikrokosmos wie des Makrokosmos – in einer doppelten Gestalt manifestiert, nämlich im Zeitlich-Irdischen und in dem Überirdisch-Ewigen, gibt es außer dem Licht der Natur noch das *Licht des Hl. Geistes* auch »Licht der Gnade« genannt. Dieses Licht ist dem Licht der Natur übergeordnet. Wenn es der Arzt als Naturkundiger vor dem Hand mit dem Bereich zu tun hat, der unter dem Licht der Natur steht, so gibt es für Paracelsus jedoch nicht jene Aufspaltung der einen Wirklichkeit (unus mundus), die bis heute anhält, so sehr wir sie zu überwinden trachten. Gerade das ist für die paracelsische Natursicht typisch, daß sich ihre Vertreter der unauflöslichen Zusammengehörigkeit und der Wechselwirkung der beiden »Reiche« klar bewußt sind. Vor allem im späten Werk tritt dies hervor.

In dem erwähnten *Labyrinthus medicorum errantium,* aber nicht nur hier, geht Paracelsus so weit zu sagen, »daß Gott das erste Buch sei, denn Ursach: Wer erkennt die Arbeit besser denn der, der sie gemacht hat? Der weiß der selbigen Arbeit Kraft herzugeben und anzuzeigen. Wer ist nun, der die Arznei gemacht hat, anders als allein Gott? . . . Drum sag (ich) darnach: Was ist auf dem Erdreich gefunden worden, das nicht durch Gott an uns gelangt sei . . .[16]« Wissen und Erforschen, so hoch sie der landauf, landab wandernde Arzt schätzt, sind dennoch von zweitrangigem Wert. Deshalb verweist er auf das Evangelien-Wort: Trachtet am ersten nach dem *Reich Gottes*, so werden euch auch alle Dinge zufallen.

Demnach gibt es für Paracelsus »zwei Weisheiten« in dieser Welt: die ewige, die aus dem Licht des Geistes entspringt, und die vergängliche (»tödliche«), die im Licht der Natur ihr Urständen hat. In der *Philosophia sagax*, auch *Astronomia magna* geheißen, vermerkt Paracelsus (1537), »daß – wie zwei Lichter beschrieben werden, ein ewiges und ein tödliches – das ewige in der Seele seine Wandlung vollbringt, das tödliche im Leib, . . . und daß wir nach Gottes Willen im natürlichen Licht wandeln und unserem natürlichen Leib das natürliche Licht zustellen und uns die natürliche

Kunst vornehmen und die Wunderwerke Gottes durch die Natur erfahren sollen – wiewohl der Mensch sich nicht allein in diesem Licht erfreuen soll, sondern auch in dem Licht, das dem Bildnis Gottes zugehört. Und so soll der Mensch in zweien Lichtern leben, und keins hindert das andere, sondern sie sind zusammen vermählt wie Mann und Weib[17].«

Die beiden Erkenntnisarten gehören demzufolge zusammen, und zwar so, daß das in der Natur aufleuchtende Licht die Gabe des Schöpfergottes ist, während der Sohn Gottes nach des Hohenheimers Ermessen das geistliche Licht schenkt. Oder aus der Sicht des Menschen betrachtet: Der Arzt und der Apostel vermögen beide zu heilen. Und doch »übertrifft der Apostel den natürlichen Arzt, das macht die neue Geburt«, heißt es ebenfalls in der *Philosophia sagax*. Damit ist ein wesentliches Merkmal genannt, denn die »neue Geburt« besagt: der betreffende Mensch hat *selbst* eine Wandlung durchlaufen. Er hat einen Prozeß durchgemacht, der ihn ins Mysterium von Tod und Auferstehung hineingestellt hat.

Nun ist er ein neuer Mensch geworden. Er sieht auch neu. Sein Erkenntnisleben hat eine qualitative Erweiterung erfahren. Das (natürliche) Können und die unverfügbare Gabe des Geistes, sie machen den Arzt.

Das also sind die beiden Lichter: das Licht der Natur, vermittelt durch die »Jungfrau Experiantia«, und das Licht des Hl. Geistes, – mit Jakob Böhme zu reden – vermittelt durch die »göttliche Jungfrau Sophia«. Nur eine eindimensionale, mit bloßen Objekten hantierende Naturforschung und Heilweise, meint mit dem Licht der Natur allein auskommen zu können. Paracelsus weiß indessen, wie eng Heilung und Heil des Menschen zusammengehören.

Die Konsequenz, die aus alledem zu ziehen ist, kann nur lauten: »Darum sollen wir wissen, daß *beide* Philosophei durch den Menschen mit seinen Kräften erkannt, vollbracht und vollendet werden, nämlich die ewige und die natürliche, und sie können beide wohl beieinanderstehen, denn sie gehen beide von einem Gott aus und der Mensch auch von demselben. – Darum sollen wir unsern Leib nicht verderben, das ist: feiern lassen, sondern Tag und Nacht in Übung liegen, um das Natürliche und das Ewige in das Werk zu bringen, auf daß beide Philosophei von uns nicht genommen werden und beraubt werden der göttlichen Gaben. Denn wenn Gott vom Menschen die Gabe nimmt, so ist nichts mehr in ihm, – die Hand Gottes ist von ihm genommen, und durch dieses Hinwegnehmen werden wir beraubt der Mysterien Gottes . . .[18]«

So ist die Größe des Arztes an seiner Demut vor Gott zu messen und an seiner Ehrfurcht vor den Mysterien, die Natur und Geist bergen.

Drei Prinzipien

Wer sich nach bestimmten Einsichten erkundigt, die das Licht der Natur dem adeptischen Philosophen und Arzt schenkt, dann kann zunächst auf die Kenntnis der drei Prinzipien oder auf die Signaturenlehre verwiesen werden, die ihrerseits wiederum Ausgangspunkte für das praktische Tun darstellen.

In seinem *Opus Paragranum,* in dem vom Ursprung und Herkommen der Krankheiten aus den ersten »drei Substanzen« die Rede ist, heißt es gleich eingangs: »Am allerersten muß der Arzt wissen, daß der Mensch gesetzt ist in drei Substanz(en). Denn wiewohl der Mensch aus nichts gemacht ist, so ist er doch in etwas gemacht, das selbige etwas ist geteilt in dreierlei. Diese drei machen den ganzen Menschen und sind der Mensch selbst, und er ist sie; aus denen und in denen hat er all ein Gutes und Böses, betreffend den physicus corpus (d. h. den physischen Leib)[19].«

Was an dieser Stelle auf den Menschen bezogen ist und auf eine Dreigliederung seines Organismus hindeutet, besitzt jedoch eine allgemeine, umfassende Gültigkeit. Zum anthropologischen Aspekt fügt Paracelsus alsbald den kosmologischen hinzu, wenn er im zweiten Kapitel desselben Buches fortfährt:

»Drei sind der Substanz(en), die da einem jeglichen Ding sein corpus (Leiblichkeit) geben; das ist: ein jeglich corpus steht in dreien Dingen. Die Namen dieser drei

Dinge sind: sulphur, mercurius, sal. Diese drei werden zusammengesetzt, alsdann heißts in corpus, – und ihnen wird nichts hinzugetan als allein das Leben . . . Also, wenn du ein corpus in die Hand nimmst, so hast du unsichtbar drei Substanzen unter einer Gestalt[20].«

Wenn Paracelsus in diesem Text von Dingen und Substanzen redet, wenn er sulphur (Schwefel), mercurius (Quecksilber) und sal (Salz) als deren Bezeichnungen anführt, so darf sich der heutige Leser nicht dazu verleiten lassen, lediglich chemische Elemente (im modernen Sinn) zu vermuten. Als Hermetiker meint er nicht feste Stoffe, auch nicht bloße Zustände. Sein Blick ist auf die *dynamische* Seite der Natur gerichtet. Er hat den *prozessualen* Aspekt der stofflichen Wirklichkeit im Sinn. Man soll daher auch nicht an irgendwelche »Urstoffe« denken, aus denen heraus sich alle anderen entwickelt hätten. Als ein anschauender Denker – wie es nach ihm Böhme, Goethe und ihresgleichen sind – geht es dem Paracelsus um Phänomene, die er in der Stoffeswelt, in »allen Dingen«, so auch am Menschen beobachtet. Und gerade weil er es mit lebendigen Erscheinungen zu tun hat, mit Vorgängen, die in ihrer typischen Eigenart durchschaut werden wollen, deshalb versagt er es sich, abstrahierende Definitionen zu bieten. Er bleibt bei den »Dingen«.

Wie das zugeht und wie Paracelsus zur Anschauung bringt, was er meint, wird deutlicher, wenn wir nochmals zu seinem *Opus Paramirum* zurückkehren, an die erwähnte Stelle. Da ist gesagt, daß jedes Ding »unsichtbar drei Substanzen unter einer Gestalt« enthalte. (Schon daraus ergibt sich, daß es sich keineswegs um ein chemisches Element handeln kann.) Als Beispiel wählt er ein Holz:

»Wenn du ein Holz in der Hand hast, so hast du vor deinen Augen nur *einen* Leib. *Das* Wissen aber ist dir (noch) nicht nütz, die Bauern wissens und sehens auch.« Gemeint sind diejenigen, die nur das gelten lassen möchten, was vor Augen ist, und für die das optisch Unsichtbare nicht zählt. Nun fährt er fort:

»*Soweit* mußt du gründen und erfahren, daß du wissest, daß du in der Hand einen sulphur habest, einen mercurium und ein sal. Wenn du die drei Ding sichtbar hast, greiflich und wirklich, ein jegliches gesondert von dem andern, jetzt hast du *die* Augen, mit denen ein Arzt sehen soll.«

Es liegt dem Autor dieser Betrachtung an der Entwicklung einer Wahrnehmungsfähigkeit höherer Ordnung. Sie muß mit der gleichen Zuverlässigkeit funktionieren wie das Sehen des »Bauern«. Das heißt doch, daß über die Sinnesbeobachtung hinaus eine übersinnliche Form der Anschauung eingeübt werden müsse, denn: »Das Äußere zu sehen, das ist den Bauern geschaffen; das Innere, das ist das Geheime, zu sehen, das ist dem Arzt anbefohlen.«

Der prozessuale Aspekt tritt deutlicher in den Gesichtskreis, wenn Paracelsus an seinem Beispiel zeigt: »So nehmt einen Anfang vom Holz. Das selbige ist ein Leib. Nun laß es brennen. So ist, da es brennt, der sulphur, das da raucht, der mercurius, das zu Asche wird, sal . . . Es finden sich also da drei Dinge, nicht mehr nicht weniger, und ein jeglich Ding ist geschieden vom andern. – Von diesen dreien ist weiter zu merken, daß alle Ding die drei Dinge haben, und wenn sie sich nicht vor den Augen auf diese Weise eröffnen, so eröffnet es die Kunst (d. h. die adeptisch-hermetische Praxis), die solches dazu bringt und sichtbar macht. Das, so da brennt, ist der sulphur; nichts brennt, allein der sulphur; das da raucht, ist der mercurius; nichts sublimiert sich, allein es sei denn mercurius. Das da zu Asche wird, ist sal, nichts wird zu Asche, allein es sei denn sal[21].«

So ist es denn klar: Paracelsus spricht vom Verbrennungsprozeß, wenn er »sulphur« sagt. Dabei schwingt auch das mit, was im Wort (von lat. sol = Sonne, und ferre = tragen) liegt. Es ist der Aspekt des Sonnen- oder Lichtträgers (von griech. phos = Licht, und phor = tragen), der gleichzeitig mit angesprochen ist.

Der polarische Gegensatz zum Verbrennungs- oder Lichtprozeß ist dasjenige, was durch »sal«, Salz, zum Ausdruck kommt. Reicht der Sulphur-Prozeß von den Verbrennungsvorgängen bei Holz und Kohle bis hin zu fiebrig-entzündlichen Vorgängen im Körper oder gar bis zu den subtilen Vorgängen einer Blüte, so entspricht der Sal-Zustand jeglicher Art von fester Form, es sei ein Mineral, die physische Gestalt von Pflanze, Tier oder Mensch. Sal ist somit Inbegriff und Erscheinungsbild des Festen.

Zwischen den beiden Polen des Flammenden und des Festen rangiert mercurius. Er vermittelt zwischen beiden; er ist das Prinzip der Mitte. Hier gibt es Übergänge. Feste Stofflichkeit »verflüchtigt« sich, sie »verraucht«. Der Götterbote Hermes-Merkur als Namensgeber besagt ja auch, daß Bewegung und Rhythmus gemeint ist. Das stoffliche Äquivalent ist – im abgeleiteten Sinne! – das Quecksilber, ein Metall, das im natürlichen Zustand die Eigenart der Metalle mit dem Erscheinungsbild des Flüssigen vereinigt.

Nun ist es dem Arzt aufgetragen, aus dieser Drei-Prinzipien-Lehre physiologisch-pathologische Erkenntnis zu gewinnen. »Für den Arzt Paracelsus, der nicht willens ist, den Menschen von der Natur, den Mikrokosmos vom Makrokosmos zu trennen, wird die Trinität von Sal, Mercur und Sulphur zur Grundlage seines Menschenbildes.

Verlaufen doch alle Prozesse im gesunden wie im kranken Menschen auch hier zwischen den Extremen der völligen Verhärtung und der totalen Auflösung, zwischen Verkalkung und Verbrennung, Skleriotisierung und Entzündung. Gesund ist im Lichte der alchimistischen Grundbegriffe nur *der* Mensch, dessen Herz- und Lungenschlag als Mercur das ›Oben‹ und das ›Unten‹, die Sinneswahrnehmung und den Stoffwechsel im Gleichgewicht zu halten vermag; krank, wenn einer der Pole den anderen überwältigt, beziehungsweise teilweise ausschaltet[22].«

So ergibt sich die Polarität von zwei Typen der Krankheit, auf der Sulfur-Seite entzündliche Krankheiten und auf der Sal-Seite Krankheiten, in denen sich das verhärtende, skleriotisierende Moment manifestiert. Es käme dann darauf an, therapeutisch einen merkurialen Ausgleich herbeizuführen.

Schließlich sei in diesem Zusammenhang angemerkt, daß der Schritt von der Dreiprinzipienlehre des Hohenheimers zur menschenkundlichen Dreigliederung in der anthroposophischen Medizin nicht mehr groß zu sein scheint[23]. In der Tat ist die Parallelität frappierend. Man darf nur nicht übersehen, daß die Steinersche Dreigliederung keine Nachahmung des paracelsischen Entwurfs darstellt, sondern daß beide je vor einem verschiedenen Bewußtseinshorizont gediehen sind. Moderne Geist-Erkenntnis muß den Vergleich mit der Tradition freilich nicht scheuen. Ursprung und Gegenwart korrespondieren miteinander, so unvergleichlich (qualitative) adeptische Philosophie mit (quantifizierender) moderner Naturforschung ist.

Die Signaturen

Ein anderes wichtiges Erkenntnisinstrument ist dem adeptischen Sucher und Therapeuten die Lehre von den Signaturen. Als Paracelsus diesen Merkzeichen nachspürt, die sich in der Natur auf Mineralien, Pflanzen, Blumen, Bäumen finden, scheint die Kunst, von diesen Zeichen auf die zugrunde liegende Wesenheit zu schließen, schon unmodern zu sein. Die Alten kannten sie. In dem um 1525 verfaßten Buch *Von den natürlichen Dingen* klagt er darüber, daß selbige Lehre »gar aus dem Brauch gekommen und es ist ihrer gar vergessen worden, woraus denn groß Irrsal erfolgt, – nämlich, daß bisher noch kein Arzt oder Skribent nach rechtem Grund beschrieben hat, was in den natürlichen Dingen sei . . .[24]«

Dabei zeichnet die Natur »ein jegliches Gewächs, das von ihr ausgeht, zu dem, dazu es gut ist«. Daher verlangt Paracelsus vom rechten Arzt die Fähigkeit und Bereitschaft, auf alles, was sich zeigt, acht zu haben, und zwar »dem armen Kranken zugute«. Es gilt, »Physiognomie und Chiromantie der natürlichen Dinge« zu erlangen. Man muß nicht von außen her eine Meinung an die Gestaltungen der Natur herantragen. Sie sprechen sich vielmehr *selbst* aus, indem sie die Zeichen kundtun, die der Schöpfer in sie gelegt hat. »Denn wie wir den Menschen an seinen Früchten erkennen, so werden wir die Kräuter in ihren Früchten auch erkennen, sobald wir es an den Zeichen erfahren haben. Darum muß ein jeglicher Arzt wissen, den rechten

Grunde nachzugehen und nicht nach Hörensagen urteilen[25].« Gefragt ist die Naturunmittelbarkeit, das eigene Sehen, das eigene Schmecken und Erspüren.

Paracelsus versäumt nicht zu sagen, daß ohne diese Kunst nichts Gründliches geschehe. »Kunst« besagt hier ein Zweifaches: einmal das Können; es entspricht der methodisch-handwerklichen Seite des Tuns. Zum anderen aber wird, ohne daß es eigens hervorgehoben wird, ein intuitives Erspüren mikrokosmischer und makrokosmischer Wirklichkeit geübt, geleitet und erleuchtet durch das Licht der Natur. Nicht alles ist erlernbar. Verbirgt sich das unverfügbare Licht des Geistes und der Gnade, so verdunkelt sich das menschliche Erkennen. Die Signaturen lassen das Wesentliche noch unentdeckt: Im Herzen wächst der Arzt.

Die Beobachtung der natürlichen Phänomene und Zeichen ist somit an eine persönliche Einstellung, an eine ethische Haltung und Gesinnung, an eine bestimmte Spiritualität geknüpft. Dann gilt es – und das entspräche dem methodischen Aspekt – etwa im Falle von Heilkräutern, auf Form,

Farbe, Geschmack, Standort, Jahreszeit, zu achten. Alle typischen Merkmale zusammen ergeben erst die volle Signatur. So gesehen ist »signatura (eine) scientia (d. h. eine Kunde), durch die alle verborgenen Dinge gefunden werden. Und ohne die Kunst geschieht nichts Gründliches, es hat alles ein Loch«.

In seinen Schriften gibt Paracelsus mancherlei Beispiele für die Anwendung der Signaturenlehre. An der erwähnten Stelle des Buches *Von den natürlichen Dingen* wählt er u. a. das »Sankt Johanns Kraut« (Johanniskraut): »Dieses Krautes Namen ist perforata, und ist gut und wohl gesetzt; ich würde ihn auch nicht verändern[26].« Gemeint ist, daß schon die lateinische Bezeichnung, »perforata« – durchlöchert, der Signatur entspricht, die das Johanniskraut darbietet. So sieht dann die Erklärung aus, die Paracelsus zu geben hat: Es zeigt sich, »daß die Löcherungen, die porosisch in seinen Blättern sind, anzeigen, daß dies Kraut zu aller Öffnung – inwendig der Haut, auch auswendig – eine Hilfe ist. Auch zu dem, was durch ›poros‹, das ist: Poren, getrieben werden soll, das ist: das das porosisch emunctorium, die porosische Säuberung, betrifft. Auch seine Blumen (Blüten des Johanniskrautes) putreficieren sich in eine Blutsform. Das ist eine Signatur, daß es zu den Wunden gut ist, und zu dem, was von Wunden kommt; auch wo not ist, Fleisch zu zügeln, soll es gebraucht werden. – Weiter: seine Adern auf den Blättern, ist ein signatum, daß perforata alle phantasma im Menschen austreibt, auch die außerhalb[27].«

Der Autor verweist damit auf eine Art von Psychopharmakon, das das Johanniskraut darstellen soll, weil es bei Tobsuchtsanfällen und bei Wahnerscheinungen angewendet werden könne. Überhaupt spricht er der »perforata« den Charakter einer »universalis medicina« (Allheilmittel) zu, indem er der Pflanze noch eine Reihe anderer Eigenschaften nachweist. Er rühmt: »Seine Tugend ist nicht zu beschreiben, wie groß sie ist und gebraucht werden kann. Und in allen Rezepten ist keine Arznei, die so gut und ganz ohne Schaden, ohne Zufälle heilet wie die perforata. Und es ist nicht möglich, daß eine bessere Arznei zu den Wunden gefunden werden könne ... In der perforata, da liegt der Grund ...« – Alles in allem: ein hohes Lob auf eines der klassischen Heilkräuter unserer Breiten.

Auch im *Labyrinthus medicorum errantium* betont Paracelsus, daß alles, was die Natur hervorbringt durch seinen äußeren Charakter (»virtus«) sein inneres Wesen und seine Bestimmung zu erkennen gibt. »Denn nichts ist ohne ein Zeichen, das ist: Nichts läßt die Natur von sich gehn, daß sie nicht bezeichnet dasselbig', was in ihr ist.« Goethe hat es – im Geiste des Paracelsus – ein »heilig' öffentlich Geheimnis« genannt, die Tatsache nämlich, daß das, was »drinnen« auch »draußen« ist.

DIE SÄULEN DER NATURERKENNTNIS

Mit den Erkenntnismitteln, die dazu helfen, nicht nur »tote« Stoffe, sondern das pulsierende Leben selbst zu erschließen, hat sich Paracelsus einen Weg zum Geheimnisgrund des Lebendigen gebahnt. Forschend, beobachtend, experimentierend und praktizierend bewegt sich der Adept auf dem Boden der vier Elemente: Erde, Wasser, Luft und Wärme (Feuer). Sie manifestieren sich im Kraftfeld der drei Prinzipien: Sal im Bereich von Erde und Wasser, Merkur in den Elementen Wasser und Luft, schließlich Sulphur in der Sphäre von Luft und Wärme.

Ihm, dem Sucher, leuchten die *beiden* Lichter der Natur und des Geistes, wenn er sich anschickt, die Signaturen zu lesen, um von den äußeren Lineamenten in den Bereich der Wirkkräfte einzudringen, dorthin, wo der Geist des Lebens (spiritus vitae) agiert und wo der »Archeus«, von Paracelsus auch »Schmied und Bereiter« genannt, Werdeprozesse in Gang bringt und regelt.

Nun geht es darum, die Felder der Erkenntnis abzustecken. Von wissenschaftlichen Disziplinen im heutigen universitären Sinne kann auf der Schwelle zur Neuzeit noch nicht gesprochen werden. Immerhin gibt es für Paracelsus Grundpfeiler, tragende Säulen für sein Naturerkennen und damit für die paracelsische Medizin. In der Regel nennt er selbst drei solcher Säulen, nämlich Philosophie, Astronomie und Alchimie. Als vierte Säule fügt er »Virtus« oder »Physica« an, um den ethischen Gesichtspunkt des ärztlichen Tuns eigens zu benennen. Wie wichtig ihm diese »Vier« sind, geht aus dem gerne zitierten, provokativen Wort hervor, mit dem er in seiner Schrift *Paragranum* die Autoritäten und Nationen herausfordert:

»Wie ich aber die vier (Säulen) für mich nehme, also müsset ihrs auch nehmen und müsset *mir* nach und nicht ich euch nach. Ihr *mir* nach! Mir nach Avicenna, Galen, Rasis, Montagnana, Mesuë etc! Mir nach und nicht ich euch nach, ihr von Paris, ihr von Montpellier, ihr von Schwaben, ihr von Meißen, ihr von Köln, ihr von Wien und was an der Donau und Rheinstrom liegt, ihr Inseln im Meer, du Italia, du Dalmatien, du Sarmatien, du Athen, du Grieche, du Araber, du Israelit! Mir nach und ich nicht euch nach! Euer wird keiner im hintersten Winkel bleiben, an den nicht die Hunde seichen werden. *Ich* werde monarcha und mein wird die Monarchei sein. Und ich führe die Monarchei und gürte eure Lenden[28]!«

Mit diesem kaum übersteigbaren Selbstbewußtsein tritt er den Verächtern der Philosophie, der Astronomie (Astrologie) und Alchimie entgegen. Denn wer nicht Philosophus, Astronomus oder Alchimist sei, der habe kein Recht, sich Arzt zu nennen. Und überhaupt: »Die Bachanten (von den hohen Schulen) wissen nichts von den Dingen ...«

Philosophia

Die paracelsische Medizin basiert in erster Linie auf Philosophia. Schon im Zusammenhang der adeptischen Hermetik war darauf hinzuweisen, daß darunter nicht die abstrakt-denkerische Bemühung, nicht der Umgang mit Ideen, Begriffen, Kategorien oder mit den Gesetzen der Logik zu verstehen sei. Die Philosophie, die Paracelsus vor Augen hat und – so könnte man geradezu sagen, die er mit allen Sinnen treibt – ist konkret. Es handelt sich um eine *Natur*philosophie, die das spekulative und begriffliche Element erst dann zuläßt, nachdem auf dem empirischen Weg Einsichten errungen worden sind. Insofern ist die von Paracelsus gemeinte Philosophie nicht aus dem Menschen, »sondern aus Himmel und Erden, Luft und Wasser, in denselben liegt nun aller Ärzte Wissen und Verständnis, denn von den Dingen reden und traktieren die philosophi[29].«

Mit bloßem Wähnen, Vermuten oder sich Berufen auf die antiken Autoren, und seien es noch so berühmte Namen, ist nichts ausgerichtet. Eine solche Philosophie wird »zu einem Eingang in die Arznei«, die den Menschen als eine psychosomatische Ganzheit begreift und deshalb auch jeden Weg geht, um zu einer Menschenwesens-Erkenntnis zu gelangen, und zwar bis hin zu den ganz praktischen Betätigungen wie den Puls fühlen, den Harn besehen, die Physiognomie beurteilen. »Und so das alles auswändig (sic!) in dir erfahren worden ist, dann bist du in den Dingen erfahren; alsdann gehe in den inneren Menschen. Und alsdann, wenn du auswändig alle Schulrecht und Fragstücke erfahren hast und bewährt sind, darnach besieh den Seich (Harn), greif den Puls, darnach arznei innen wie außen. *Das* ist die Philosophie, von der ich dir sage ...[30]«

Warum eine solche »aus*wändige*« Philosophie? Etwa nur weil in Paracelsus ein extravertierter Menschentypus zu uns spricht? Ein solcher begegnet uns bei Paracelsus freilich auf Schritt und Tritt. Darin bekundet sich aber mehr als nur eine individuelle Eigentümlichkeit. Die Antwort kann daher nur lauten: Weil aus der Natur beides kommt, die Krankheit und auch das Kraut gegen sie oder ihr zu Hilfe, und weil der Arzt nicht zu Leipzig oder zu Wien, nicht zu Montpellier oder zu Salerno geboren wird, sondern allein aus der Natur, deshalb muß Paracelsus seiner Philosophie diese besondere Note geben.

Wer daher andererseits einer solchen erdnahen, kreaturnahen Medizin-Philosophie meint aus dem Wege gehen zu können, für den hat Paracelsus nichts als bitteren Spott übrig. Keine Spur von kollegialer Rücksichtnahme. Die Basler Erfahrungen und der unrühmliche Abgang aus Nürnberg spricht freilich auch mit herein.

Alles in allem: »Der nun also ein Philosophus ist, der soll alsdann in die Fakultät der Arznei treten und das Äußere in das Innere wenden. Das Umwenden gibt den Arzt, so aus der großen Welt die kleine wird, eine derartige innere Richtung, daß er auf keine Weise mehr an dem inneren Menschen lerne, denn da ist nichts als Verführung und der Tod[31].«

Astronomia

Die andere Säule paracelsischer Natursicht und Medizin wird Astronomia geheißen.

Dazu ist zunächst zweierlei zu sagen: Zum ersten versteht man in den Tagen des Hohenheimers darunter die Kunst, die Sternenschrift am Firmament zu lesen, zu entziffern und daraus die nötigen Schlüsse für das gesamte menschliche Leben zu ziehen. Es handelt sich also um beides, um naturkundliches Wissen (Astronomie) und um astrologische Schau dessen, was sich begibt oder begeben wird. Einen Astrologiegläubigen (im Sinne von Aberglauben) soll man aber in Paracelsus nicht vermuten. Das neugierige, stümperhafte Horoskopieren auf den Jahrmärkten »ist nix«, sagt er einmal lakonisch. Und doch hat Paracelsus eine ganz andere Einstellung zu dem, was sich am äußeren Himmel begibt, als ein moderner Mensch, der lediglich von Meßdaten und von astronomischen Quantitäten weiß, während der Beschreiber der »vier Säulen« *kosmische Qualitäten* und wirkende Wesenheiten wahrnimmt. Paracelsus ist Kosmosoph, und zwar aus dem Erleben heraus.

Vor allem – und das ist der andere Gesichtspunkt – bedeutet die sorgfältige Berücksichtigung der Astronomia den Zugewinn einer weiteren Dimension in der Wirklichkeitserkenntnis. Bewegt sich die Philosophia in den Dimensionen des (irdischen) Raumes, so holt die Astronomia die Dimension der Zeit in die Betrachtung herein. Dem Astronomus ist das »Buch des Firmaments« weit aufgetan. Vor ihm rollt Geschichte ab. Es sind die »revolutiones«, die sich am Himmel begeben, wenngleich sie noch anders gesehen werden als sie seit Kopernikus, Kepler oder Galilei gemessen und errechnet werden können. Noch dominiert stets Qualität vor Quantität und vor quantitativer Naturforschung. Ein solches Qualitativum ist auch das »Astrum«. Es »meint keine Astrologie und bringt kein Horoskop . . ., sondern weist hin auf ein Universum innerer Wahlverwandtschaft, das den Menschen in Bewegung hält und anhält zur Entscheidung, das ihn gerade nicht magisch zu terminieren vermag . . . In diesem kleinen konkreten Menschen liegt gewissermaßen ›der junge Himmel‹, weil alle Planeten hier ihre Signatur tragen, und nur so ist der Himmel sein Vater . . . Der

Mensch, der aus der Erde ist, ist immer des Himmels gewärtig[32].«

Und in der Tat: so wie wir den Begriff der »Geistes-Gegenwart« gebrauchen, um (im ursprünglichen Sinn des Wortes) die Gegenwart des schöpferischen, göttlichen Geistes anzuzeigen, so kann bei Paracelsus von der *Himmels-Gegenwärtigkeit* gesprochen werden. Das, was im Menschen und in der Natur, in allen kreatürlichen Erscheinungen auf Erden ist, das ist ja angeschlossen und eingebunden an und in ein kosmisches Kräftefeld. Die alte Sternenweisheit hat die einzelnen körperlichen Regionen des Menschen mit Planeten- und Tierkreiszeichen versehen, um das organisch-kosmische Bezugssystem sichtbar zu machen: Wie oben, so unten. Die hermetische Lehre von den Entsprechungen zwischen Makro- und Mikrokosmos ist für Paracelsus eine unbezweifelbare Gegebenheit. Er beginnt daher den Traktat von der Astronomia in *Paragranum,* indem er daran anknüpft:

»Wenn nun der Mensch in seiner Zusammensetzung in jeder Hinsicht betrachtet werden soll, so wisset erstlich zu erkennen, wie ihr die corpora des Firmaments im Leibe des Mikrokosmos nach ihrer Statt verstehen sollt. Denn die astra im Leibe haben ihre Eigenschaft, Art, Wesen, Natur, Lauf, Stand, Teil gleich den äußeren, allein in der Form von jenem unterschieden, das ist: in der Substanz. Denn so wie es im Äther ist, so ist es im Mikrokosmos, und in der Natur sind beide *ein* Ding *und* ein Wesen[33].«

Paracelsus folgert, im Leibe des Menschen müsse eine gewisse Bereitschaft bestehen, eine Art Empfangsorgan, »das die Gestirne annimmt, wenn sie in den Leib wirken«. Der Mensch sei eben nicht nur aus Erde gemacht, sondern »eine große göttliche Ordnung« kosmischer Art durchwalte auch seine physische Leiblichkeit. Da sind »innere Aszendenten« am Werk. Makrokosmische Kräfte durchpulsen den Mikrokosmos gemäß ihrer Entsprechung. »Weil nun so viel am Himmel liegt und am Wissen um seine Wirkung in der Arznei, worin er so gewaltig ist und regiert, so ist es vonnöten, daß allein der Grund beachtet werde und kein anderer, und daß die alten Skribenten in das Feuer geworfen werden[34].«

Für die Arzneikunst, für Herstellung und Verordnung hat Astronomia ihren Part beizutragen. Entsprechendes gilt für den Arzt, der in die Mysterien des Kosmos eingeweiht ist; es sind vor allem rhythmische Geheimnisse, die sich z. B. aus den Umlaufzeiten der Planeten ergeben und jeweils berücksichtigt sein wollen. Eine Reihe von Beispielen sind im Buch *Paragranum* nachzulesen. Ohne den Himmel taugt die Arznei nichts; sie muß durch den Himmel geführt werden, d. h. der Zeitpunkt – »Kairós« nannten die Griechen die qualitative Zeit, den erfüllten Augenblick, den entscheidenden Moment – hat einen nicht zu unterschätzenden Einfluß auf das menschliche Leben, vor allem auch dann, wenn es »aus der Ordnung« geraten und arhythmisch geworden ist. Aber was heißt: der Himmel muß »führen«?

Paracelsus sagt prinzipiell: »Was zum Hirn gehört, das wird durch Luna (Mond) zum Hirn geführt; was zur Milz gehört, wird durch Saturn zur Milz geführt; was zum Herzen gehört, wird durch Sol (Sonne) zum Herzen geleitet, und also durch Venus zu den Nieren, durch Jupiter zur Leber, durch Mars zur Galle . . .«

Und weiter: »Was ist die Arznei, die du gibst für die Mutter (matrix) der Frau, wenn es dir Venus nicht dahin leitet? Was wäre die Arznei fürs Hirn, wenn dirs Luna nicht dahin führte? Und so mit den andern auch. Sie blieben alle im Magen und gingen durch die Eingeweide wieder hinaus und blieben ohne Wirkung. Hieraus entspringt die Ursache, wenn dir der Himmel ungünstig ist und deine Arznei nicht leiden kann, daß du dann nichts ausrichtest. Der Himmel muß sie dir leiten[35].«

Alchymia

Gehören Philosophia und Astronomie eng zusammen, weil eine Naturerkenntnis nicht ohne die andere sein kann, so gilt das für die Alchymia als »dritte Säule« in gleichem Maße. In ihr geht es um Verwandlung und Veredelung von Stoffen, und – weil der Mensch auch hier im Mittelpunkt der auszulösenden Prozesse steht – schließlich um die Umwandlung des ganzen Menschen.

Wieder stützt sich Paracelsus auf die Errungenschaften einer großen Tradition, und zwar nicht etwa, indem er sie nur zitierend nachredet, sondern indem er sie erprobt und auf ihre Bedeutsamkeit hin überprüft. Wenn auch der Hohenheimer als »Mensch mit seinem Widerspruch« von manchen zeitbedingten Irrtümern belastet ist, so erübrigt es sich doch, ihn gegenüber pseudo-alchimistischen Sudelköchen und Quacksalbern abzugrenzen. Die Alchimie, die *er* meint, die er vermutlich schon bei seinem Vater Wilhelm von Hohenheim gelernt hat und zu handhaben versteht, fußt auf Erfahrungswissen. Daß dem Alchimisten ein hohes und höchstes, vom Menschen her letztlich unerreichbares Ziel vorschwebt, die Bereitung des »Steines der Weisen« (lapis philosophorum), deutet darauf hin, daß es sich hierbei nicht allein um chemische Transformationen oder Transsubstantiationen handelt, sondern um einen Vorgang, der auch die mystische Dimension mit einbezieht. Welterkenntnis *und* Selbst- bzw. Gotteserkenntnis, Stoffesverwandlung *und* Selbstverwirklichung, Selbstfindung auf höchster Ebene gehören als Aufgabenfeld des Alchimisten zusammen, weshalb das Laboratorium (labora = arbeite!) durch das Oratorium (ora = bete!) begleitet werden muß[36].

Es versteht sich, daß im Vordergrund der paracelsischen Zielsetzungen der medizinisch-pharmakologische Gesichtspunkt steht. Ein Mystiker ist Paracelsus nicht. Der Alchimist ist derjenige, der die Stoffe der Natur aus dem Zustand der »prima materia«, d. h. aus dem noch unverarbeiteten Urstoff in den beabsichtigten Endzustand der »ultima materia« verwandelt. Paracelsus bedient sich eines weiten Alchimie-Begriffs, wenn er in *Paragranum* über diesen Vorgang erläuternd schreibt:

»Diese Vollendung heißt Alchymia. Denn der Bäck(er), indem er Brot macht, der Rebmann, indem er den Wein macht, der Weber, indem er Tuch macht, ist ein Alchymist. Derselbe, der, was aus der Natur dem Menschen zu nutz wächst, es dahin bringt, dahin er von der Natur geordnet wird, der ist ein Alchymist . . . Wenn es nun dazu kommen soll, daß deine Arznei so vollendet werde, wie der Sommer seine Früchte bringt, so wißt, daß der Sommer das durch die astra tut und nicht ohne dieselben. So nun die astra das tun, so wisse hier an dem Ort auch, daß diese Zubereitung dahin gerichtet werden muß, daß sie den Sternen unterworfen seien, denn die sind die, die das Werk des Arztes vollbringen[37].«

Die »astra« wirken lassen, heißt: die Zeitqualität, wie sie Astronomia lehrt, zur Geltung bringen, so daß Saturn, Mars, Venus usw. in ihrer Beziehung zu Natur und Mensch fruchtbar werden können. Und im übrigen gibt Paracelsus zu bedenken: »Es ist nicht so, wie die (Betrüger) sagen: Alchymia mache Gold, mache Silber. Hier ist das Vornehmen: Mach arcana (wirksame Geheimmittel) und richte dieselbigen gegen die Krankheiten. Da muß der Arzt hinaus, das ist der Grund. Denn diese Dinge alle entnimmt man aus der Anweisung der Natur und ihrer Bewährung[38].«

Von den Naturvorgängen und von der dort stattfindenden »Zeitigung« der einzelnen Wachstums- und Reifungsphasen nimmt er das Leitbild für die Arzneibereitung. Er begnügt sich demnach nicht, was die alchimistischen Meister vor ihm überliefert haben. Er unterwirft sich vielmehr selbst der Übung[39]. Deshalb der Wahlspruch: Wer auf eigenen Füßen stehen kann, der mache sich nicht von anderen abhängig!

Mit gutem Grund rühmt Paracelsus die alchimistische Kunst als »einen so trefflichen Grund der Arznei«, weil sich hier ein Weg auftut, Philosophia und Astronomia praktisch anzuwenden und, geleitet und erleuchtet durch das Licht der Natur, Prozesse der Erneuerung auszulösen. Paracelsus, der den Narren unter seinen »Kollegen« gram ist, die »sich mit viel Bescheißerei erhalten«, ist voller Zuversicht: »Der den Kranken treu und fromm ist, der der Natur in ihrer Kunst nachfolgen will, der wird mich nicht fliehen[40].«

Physica und Virtus

Umschließen die drei »Säulen« Philosophia, Astronomia und Alchymia ein naturkundlich-ärztliches Wissen und Können, so bedarf es einer vierten Säule, um die Verantwortung des Arztes in aller Deutlichkeit sichtbar zu machen.

Ist der alte Spruch im Umlauf: »Arzt, hilf dir selber«, – so lautet die Devise des Paracelsus: »Der Arzt ist der, der nur andern arzneit, nicht sich selber.« Und so erläutert er diesen Grundsatz:

»Wie ein Schaf, das nicht sich selber Wolle trägt, sondern dem Weber und dem Kürschner, und drum gelobt, daß es viel und gute Wolle trage, so soll auch der Arzt gleich dem Schafe sein, und nicht sich, sondern andern den Nutz tragen und geben, und sich dieses Exempels nicht entäußern[41].«

Nicht auf sich hat er zu sehen, sondern auf den allein, der seine Hilfe braucht und vor allem, weil der Kranke um dieser Hilfsbedürftigkeit willen auf den Arzt vertraut. Nur eine Arznei, die »mit solchem Gemüt, Treue und Herzen gereicht und mitgeteilt« wird, verdient Heilmittel genannt zu werden. Die Verantwortung für diese Qualität liegt beim Arzt. »Physica« und »Virtus« ist demnach bei Paracelsus alles andere als eine der Anonymität preisgegebene Physik oder ein entpersonalisiertes technisches Können.

Dazu kommt, daß die Medizin unter allen Künsten und Fakultäten einen besonderen Rang habe. Sie komme von Gott; sie sei ihm »am liebsten«. – So kann wohl nur sprechen, der seiner eigenen Berufung als Arzt gewiß ist und seine ärztliche Praxis (im weitesten Sinne des Wortes verstanden!) nicht allein als eine Möglichkeit des Broterwerbs ansieht. Zuerst und zuletzt ist der Arzt Gott verantwortlich, »der die Arznei gegeben und geschaffen hat«.

Weil es nun so ist, daß der Arzt unter Gott und in Verantwortung vor dem Mitmenschen seinen Dienst zu vollziehen hat, deshalb verlangt Paracelsus von ihm besondere menschliche Qualitäten, ein spezielles Berufsethos, nämlich Wahrhaftigkeit, Zuverlässigkeit, Vertrauenswürdigkeit, Ehrlichkeit, Barmherzigkeit und Rechtschaffenheit in jeder Hinsicht. In Erneuerung des hippokratischen Eides formuliert Paracelsus das Gesetz, nach dem er selbst angetreten:

»Das gelob ich: Meine Arznei zu vollfertigen und nicht von der zu weichen, solang mir Gott das Amt vergönnt, und zu widerreden aller falschen Arznei und Lehren. Danach, daß (ich) die Kranken (lieben) will, einen jeglichen mehr, als wenn es meinen Leib antreffe. Den Augen nicht zu verlassen (zu überlassen), darin zu richten nach seinem Erzeigen, auch keine Arznei geben ohne Verstand. Kein Geld ungewonnen (unverdient) einzunehmen.« Mit einem Augenzwinkern, wohl auch nicht ganz ohne Grund, fügt er ein: »Keinem Apotheker zu vertrauen . . . Dergleichen keinen Fürsten zu arzneien, ich hab denn den Gewinn im Säckel . . .« Und schließlich: »Frauen Hilf selber zu erzeigen . . . Das alles bei dem, der mich geschaffen hat, zu halten, gelob ich[42].« Und warum das alles: Weil der Arzt mit seinem Können allein der Natur und damit Gott unterworfen ist. Er fordert Verantwortung.

RELIGION DES GEISTES

Wem beide Lichter leuchten: das Licht der Natur *und* das des Geistes; wer in der Schöpfung den Spuren und Signaturen nachspürt, die der Schöpfer in die Bildungen der Stoffeswelt hineingezeichnet hat, der bringt wesentliche Voraussetzungen mit, über die ein Arzt im Sinne des Theophrastus Paracelsus verfügen soll.

Nun sind Heil und Heilung zwei Wege, die in die gleiche Richtung laufen, nicht daß die Abwendung einer leiblichen Erkrankung bereits das Heil verbürge oder ein Vorschmack darauf sei. Vielmehr sieht Paracelsus die Notwendigkeit, daß man in allem, eben auch und gerade in der Bemühung um Heilung das ewige Heil des Menschen im Auge behalte. Denn der ist noch nicht gesund, dessen Organismus in der wünschenswerten Weise funktioniert. Selbst die Krankheit steht – von höherer Warte aus betrachtet – im Dienst der Heilwerdung des Menschen. Unter einem solchen Gesichtspunkt spricht Paracelsus von der »religio perpetua«, der unablässigen, fortdauernden Religion!

»Alle Ding, so wir auf Erden gebrauchen«, so heißt es in der gleichnamigen Schrift, »sollen wir seliglich und nicht unseliglich gebrauchen, und nicht mehr und nicht anders, als darum und zu dem, weswegen es da ist. Nichts dazu noch davon tun, nicht bösern und ebenso auch nichts bessern. Denn so ist das zu verstehen: Wir haben eine Religion, die ›*Apostelamt*‹ heißt[43].«

Nun läßt sich darauf hinweisen, daß der studierte »doctor medicinae« sich auch noch den Titel eines »doctor theologiae« zugelegt habe und als ein Laienprediger, ganz im Stile der Zeit, etwa bei den radikal-reformatorisch gesinnten Täufern, tätig geworden sei. Es hieße aber Paracelsus mißverstehen, nähme man an, er sei von einer Fakultät in die andere übergewechselt. Gerade eine derartige Abgrenzung auf Kompetenzen oder Disziplinen – ganz zu schweigen von modernem Spezialistentum! – kann ein Mann nicht gelten lassen, dem Landesgrenzen, Glaubens- oder Standesunterschiede stets Nebensache geblieben sind. Paracelsus ist Arzt und Prediger, mithin ein »apostolisch« gesinnter Arzt, der das Ziel seines Arzneiens und Kurierens, eben das ewige Heil, im Auge behält.

Die Basis seines Arzttums ist somit eine »religio perpetua«, die er im gleichen Zusammenhang als eine »bewährte religio des Geistes« treffend charakterisiert. Und zwar ist es der Geist, »der da vom Himmel, ohne allen Betrug ist, ohne allen Beschiß und ohne alles Falsch. In *der* religio ist die Wahrheit und die wahrhaftige Verkündigung. In *die* religio soll sich ein jeglich Schaf einbinden und zufügen . . . Das ist die bewährte Religion des Geistes. Deren (d. h. deren Boten) Exempel und deren Lehr, deren Gebet, deren Zeichen sollen wir annehmen und sagen: Selig ist der, der da kommt im Namen des Herrn[44].«

Wer in dieser Religion des Geistes steht und aus dem Heiligen Geist heraus wirkt, der muß sich so weng um die jeweils herrschenden, miteinander im Streit liegenden Konfessionen kümmern wie Paracelsus. Ihn beeindruckt weder das mit Pracht und Pomp agierende Papsttum eines Leo X. und seiner Nachfolger noch der Protestantismus seines schweizerischen Landsmannes Huldreich Zwingli oder des vielgerühmten Wittenberger Augustinermönchs Martin Luther. Viel näher steht ihm da schon die Frömmigkeit jener um keine Kirchenleitung, Obrigkeit und Zeremonienwesen besorgten Taufgesinnten, zumal sie keine bloßen »Maulchristen« sind. Was ihn besonders beeindruckt und was seine eigene Religion des Geistes prägt, das ist der starke sozialkritisch-sozialethische Zug der entschiedenen Christen. Es ist sicher kein Zufall, daß das religiös-theologische Element zur selben Zeit – nämlich der Bauernaufstände um 1524/25 – in den Paracelsus-Schriften eine Rolle zu spielen beginnt, als er angeregt wird, Beiträge zur sozialen Frage seiner Zeit zu liefern.

Lange Zeit blieben die sozialethischen und vor allem die verhältnismäßig zahlreichen religiös-theologischen Schriften des Hohenheimers unbeachtet. Man wußte kaum von ihrer Existenz. Während sich die alte Husersche Ausgabe der Gesammelten Schriften auf den Abdruck der medizinischen Texte beschränkte und die nachfolgende Sudhoffsche Ausgabe in ihrer zweiten Abteilung (1923) zunächst über den Ansatz zu einer Edition nicht hinaus gedieh, war es erst (ab 1955) Kurt Goldammer und einem Kreis von Mitarbeitern möglich, die theologischen Schriften Theophrasts von Hohenheim zugänglich zu machen. Erst durch diese Edition wird der *ganze* Paracelsus sichtbar.

Wir begegnen einem Arzt, der sehr wohl auch »Doktor der Theologie« genannt zu werden verdient, unabhängig davon, ob die Zunft bereit gewesen wäre, diesem Außenseiter und Grenzgänger den »doctor honoris causa« zuzuerkennen. Abgesehen davon, eine Titeltheologie – »Titelchristentum« sagt Jakob Böhme später – kümmert den Mann nicht im geringsten, der sich über die jeweils herrschenden, Diplome austeilenden Autoritäten an den Hohen Schulen hinweggesetzt. Anderes ist ihm wichtiger, nämlich alles, was die Religion des Geistes ausmacht. Sie ist von Institution und Titulaturen unabhängig.

Da ist zunächst einmal die großherzige Toleranz dessen, der viele Wege zu Gott gelten läßt. Alle Kinder sind »selig« und dem Reich Gottes nah, ganz gleich, ob ihre Eltern Türken, Tartaren oder Christen sind. Schon der ist ein »Christ«, der nach Gerechtigkeit dürstet. Ohne Zweifel: hier macht einer mit der Bergpredigt Jesu ernst (Matth. 5, 6)!

Daraus folgt die Überzeugung, daß niemand zum Glauben, genauer: zu einer bestimmten Glaubensform oder Konfession gezwungen werden dürfe. Wenn eine Obrigkeit eine Konversion erzwänge – im Zeitalter der »Glaubensspaltung« wird es gesagt! – »so wär es ein vermeinter Glaub und nicht ein geliebter Glaub«[45]. Weit besser wäre es, man bliebe, was man war, denn was für einen Wert haben bloße Lippenbekenntnisse? – Wenn auch das eigentliche Zeitalter der Weltmission im frühen 16. Jahrhundert noch nicht angebrochen ist, so heißt das doch, daß sich Paracelsus gegen

Augustinus, den großen Kirchenvater des Abendlandes zu stellen wagt, der nichts dagegen hat, wenn man die Heiden »nötigt hereinzukommen ...[46]«

Dagegen Paracelsus lapidar: »Den Glauben heißen wir nicht nötigen ... Der Mensch, der sich untersteht, den Glauben zu mehren mit dem Schwert, das ist vom Teufel.«

Als einer, der weiß, wes Geistes Kind er ist, läßt Paracelsus allein Gott und Christus als die wahren Lehrmeister des Glaubens gelten. Damit gibt er zu erkennen, daß der in so starkem Maße nach außen gerichtete, an den Naturwesenheiten orientierte Arzt zugleich ein *esoterisches,* ein nach innen gekehrtes Christentum pflegen möchte. Dies gilt, obwohl er in hohem Maße der Lehrtradition der katholischen Kirche verpflichtet bleibt. Allein, bei den Fachtheologen fand Paracelsus nicht die erwartete Anerkennung als »vollmächtiger Christ ..., das mich hart betrübt hat«.

Doch er kann das verwinden, denn: »Ob wir gleich die Person Christi nicht haben, so haben wir doch seine Kraft und Tugend

(d. h. Vollmacht) bei uns«, nämlich in Gestalt der Sakramente, in der geistigen Speise des Leibes Christi und als Licht des Heiligen Geistes, das das Licht der Natur bei weitem übertrifft. Wer nun in dieser Weise mit dem gegenwärtigen Christus verbunden ist, und zwar nicht zuletzt dank der mütterlichen Obhut Mariens, der lebt *in* ihm.

Für einen esoterischen Christen hat diese Einsicht wichtige Konsequenzen für die praktische Übung des Glaubens. Denn während das schlichte Gemeindeglied, ganz gleich welche gesellschaftliche Position es innehat, von dem bindenden oder lösenden Wort des Priesters abhängt und ohne die kirchliche Institution als Christ nicht existieren kann, wendet Paracelsus auch in religiöser Hinsicht sein Leitwort auf sich an: Er bedarf »keines anderen«. In der Praxis des Bußsakraments wird diese Geistesunmittelbarkeit des Esoterikers deutlich; denn: »Buß wirken, ist tun den Willen Gottes, und nicht auf den Knien liegend nach Gutdünken menschlichen Sinns. Buß wirken, ist in Christo leben, und nicht hin und her dem Gesetz nachzufolgen, wie es einem jeglichen gut dünkt. – Das beweist nun, daß all menschlich Vergeben an Gottes Statt umsonst ist . . . So nun die Sünd im Herzen liegt, allein Gott wissend und nicht dem Menschen – darum soll dem gebeichtet werden, der Herr der Herzen ist und nicht des Mauls.«

Wenn die mittelalterliche Kirche einem nach Heiligung strebenden Menschen gebot: Tue die Werke der Kirche! – so weiß es Paracelsus anders: Er unterscheidet eine Tat »die aus dem Geist gehet«, von einem Werk, »das aus dem Leib gehet«. Wer nun die Vorläufigkeit kirchlicher Bräuche durchschaut, der wird mit Paracelsus sagen: »Gott will, daß kein Gebot von wegen der Werke soll gehalten werden, sondern von wegen der Liebe . . . Das Gebot Gottes gehet allein in die Liebe. Aus welcher Liebe die Werke fließen. Aber die Gleisner (die Schein-Christen) liegen auf den Werken und löschen also die Liebe aus . . . Tuest du ein Werk, so tue es aus dem Geist und scheide es nicht vom Geist.« – Luthers Erkenntnis von der »Freiheit eines Christenmenschen« ist auch Theophrasts Überzeugung.

Das ist auch die einzige Verbundenheit, die Paracelsus gelten läßt, eben die Verbundenheit im Geiste und in der Religion des Geistes. Lutheraner kann und will er ebenso wenig sein wie »papistisch«, zwinglisch, hussitisch, täuferisch, parcardisch oder wie die einzelnen »Sekten« der Zeit alle heißen mögen. »Sie sind nicht in der ewigen Kirchen, nur in der zergänglichen Kirchen.«

In welcher Kirche ist dann dieser Kritiker der Kirche? – Die Antwort lautet: Die Gläubigen allein machen die wahre Kirche aus, nicht die äußere Zugehörigkeit. »Allein die sind die Kirche Christi, da ein jeder sein Kreuz auf sich nimmt und trägts und folgt damit Christo nach. – Die Kirch heißt auf Latein ›Catholica‹ (die allumfassende), und ist der Geist aller gerechten Gläubigen und ihre Wohnung. Und ihr Zusammenkommung ist im Heiligen Geist, also daß sie alle im Glauben sind. Das ist fides catholica (der allumfassende Glaube), und besitzt keine Statt.« Dieser Glaube und diese Geist-Kirche ist demnach an keinen geographischen Ort gebunden, es sei Rom, Wittenberg oder Zürich. Paracelsus fährt differenzierend fort: »Aber Ecclesia ist eine Mauer.«

Damit unterscheidet er deutlich die »bewährte Religion des Geistes« von der »Mauerkirche«, von der sich nach Paracelsus Männer wie Valentin Weigel, Jakob Böhme und viele andere distanzieren. So gesehen ist die Kirche des Geistes eine innerliche Kirche: »Der falsche Christ sagt, man soll beten in der Kirchen, beim Altar, bei der Meß, bei der Vesper etc. Und dasselbig Haus ist nicht ein Bethaus! Das Bethaus ist, wie Christus sagt, im Schlafkämmerlein, das ist im Herzen . . . Welcher da lernen will den Glauben Christi, der bedarf keines Predigers, keines Laufens in die Kirchen. Allein daß er durstig sei und werde, so läuft Christus zu ihm in sein Haus und macht aus ihm einen Christen nach seinem Willen.«

Das ist ein bedeutsames Wort. Es zeigt einmal mehr, daß der umsichtige, rührige Arzt weiß, wo die Grenzen des Menschen sind. So sehr er selbst im »Laufen« geübt ist, die Religion des Geistes hängt nicht davon ab. Sie ist überhaupt nicht Menschenwerk. Es liegt nicht am »Laufen« des Menschen, sondern allein an Christi Tun. Das ist gut paulinisch und insofern: lutherisch. Doch damit nicht genug: Aus vielen der religiösen wie der praktisch-medizinischen Äußerungen des Hohenheimers geht klar hervor, daß die von ihm vertretene Spiritualität niemals Selbstzweck bleibt, sondern daß die paracelsische Religion des Geistes nach Konkretisierung, nach Leibwerdung drängt, nämlich in der Liebe.

Einerseits gilt das, was Heinrich Bornkamm in seiner Paracelsus-Skizze einmal so zusammenfaßt: »Als ein vom Evangelium tief berührter Mann hatte Paracelsus den Glauben als den Kern wahrer Frömmigkeit begriffen[47].« Andererseits ist der vom Feuer des Geistes entzündete esoterische Christ ein Mann der helfenden Tat. Wohl stimmt er dem reformatorischen Schriftprinzip zu, wenn er in seiner *Philosophia sagax* einmal schreibt, »daß am allerersten, vor allen Dingen die Heilige Schrift gebraucht werde, die an dem Ort allen philosophis und naturalibus den Anfang darlegt und anzeigt, ohne welchen Anfang alle Philosophien umsonst gebraucht und geführt werden. Das ist, so ein philosophus nicht aus der Theologie geboren wird, so hat er keinen Eckstein, auf den er seine Philosophie setzen könnte. Denn aus der Theologie geht die Wahrheit, ohne sie kann sie nicht gefunden werden[48].«

Das gilt aber auch für das praktische Tun. Es ist der Geist, der zur Aktivität befreit, zur Arbeit, zur Barmherzigkeit[49] und damit zur Liebe. Denn »für Paracelsus war beides eins: seine wissenschaftliche Forschung war ihm Dienst am Nächsten im Auftrage und in der Kraft Jesu Christi. Wo das Wort Gottes nicht zum Tun der Liebe befreit, ist es mit den Ohren gehört, aber nicht mit dem Herzen betrachtet worden. Das Hören ohne das Tun ist nach Paracelsus die Sünde wider den Heiligen Geist[50].« Deshalb die kritischen Äußerungen über das Predigthören, das keine praktischen Folgerungen nach sich zieht.

Mit einem Satz: Die paracelsische Religion des Geistes fordert letztlich keinen andern Glauben und weiß von keinem anderen Christus. Auch in ihr gilt allein der Glaube, der in der Liebe tätig wird.

DIE WIRKUNGEN DES GROSSEN ARZTES

»Kein ausgeklügelt' Buch«, sondern – nach Conrad Ferdinand Meyer – »ein Mensch mit seinem Widerspruch« ist Theophrastus Paracelsus gewesen, einer, den man leicht verkennt, aber um so schwerer versteht, einer, den man leicht mißdeutet, und dessen Gefolgschaft keine billige Nachahmung duldet. Er hat nicht aufgehört, seine Nachwelt zu faszinieren. Auf der Grenze zwischen Mittelalter und Neuzeit stehend hat er eine geradezu unabsehbare Wirkung ausgeübt.

Einzelne seiner Schriften wurden kurz nach seinem Tode (1541) veröffentlicht. Adam von Bodenstein, Gerhard Dorn und Johann Huser nahmen sich solcher Einzeleditionen an. Aber bis eine erste große Gesamtausgabe seiner Werke erscheinen konnte, war der Autor bereits ein halbes Jahrhundert tot. Und so zweifelhaft mancher unerbetene Leumund ausfiel, mit dem ihn seine Zeitgenossen bedachten, allzueifrige »Paracelsisten« ließen sich nicht abhalten, sich an die Fersen des Meisters zu heften. Paracelsus war sich der Gefahr der lästigen »Schüler« bewußt. Schon nach seinem unrühmlichen Abgang von Basel hatte er Anlaß, sich von derartigen »Anhängern« zu distanzieren. In der ersten Fassung seines *Paragranum*-Buches stößt er laute Warnungen aus:

»Vor allem aber hütet euch vor meinen Schülern . . ., die nur haben die Federn vom Rock gelesen, die nur haben Urin aufgewärmt, die nur haben gedient und gelächelt und sind wie die Hündlein um mich gestrichen und an mir gehanget . . . Hütet euch vor ihrem Gift! Sie berühmen sich meiner, als hätten sie's von mir, wo sie Ehre einlegen; aber sie sind zu früh aus der Schule gekommen, wie ein Dieb, der sich früh aus dem Haus stiehlt, ehe man aufsteht.[51]«

Wäre der Hohenheimer auf dergleichen Konsorten angewiesen gewesen, die Annalen der Kultur- und Geistesgeschichte hätten keine Ursache, seiner Erwähnung zu tun. Aber gerade das Gegenteil ist der Fall. Und dies – und hier liegt ein weiterer Widerspruch –, obwohl nur ein recht ungenaues Bild von dem Abkömmling der Hohenheimer Bombaste zu erstellen ist. Kann doch ein so umsichtiger Medizinhistoriker wie es Heinrich Schipperges ist, seine Paracelsus-Monographie mit der ernüchternden Feststellung eröffnen: »Was Paracelsus wirklich war, wissen wir nicht. Es gibt großartige Werke über den Paracelsismus, in denen kein einziger Satz von Theophrastus von Hohenheim stammt ...[52]«

Wer indessen Paracelsus für sie war, was er ihnen bedeutete, das wußten und wissen seine geistesverwandten Schüler – einst wie heute – sehr wohl. Daß sich an ihm die Geister scheiden werden, hat der hellsichtige Hohenheimer geahnt, wenn er sagte: »Zwei Sekten werden erstehen aus meiner Arznei: Eine, die es zu Bescheißerei brauchen wird, dieselbigen sind des Geblütes nicht, daß sie weder Gott noch mir danken ... Die anderen, so da wohl geraten, die werden vor Freuden des Dankes vergessen[53].«

Bleiben wir bei den letzteren. Diese seine Gefolgsleute rekrutieren sich aus Natur- und Geisteswissenschaftlern in gleichem Maße. Neben den Ärzten und alchimistischen Praktikern sind es Mystiker und nach einer universalen Schau der Wirklichkeit strebende Pansophen. Nicht zu vergessen sind die Dichter und Denker, die die faustische Geistesart stets neu zu vergegenwärtigen suchten, die Paracelsus verkörpert hat. Wenigstens einige Namen seien genannt, um die geistige Landschaft zu markieren:

Da ist der lutherische Pfarrer von Zschopau *Valentin Weigel* (1553–1588), der ein literarisches Werk hinterließ, das eine eindrucksvolle Synthese aus deutscher Mystik und aus paracelsischem Naturerkennen darstellt. Die beiden Lichter, das der Natur und das des Geistes oder der Gnade strahlen bei ihm auf. In unseren Tagen wird die Bedeutung Weigels aufs neue erkannt. Sein lange vernachlässigtes Werk beginnt sich vielen zu öffnen, die einen Zugang nach religiöser Erfahrung verlangen[54].

Ein erklärter Paracelsist war *Oswald Croll* (Crollius) (um 1560 – ca. 1608/09), der aus dem Hessischen stammende Arzt und Chemiker, bekannt u. a. durch sein Rezeptbuch *Basilica chymica* (1609 in Prag erschienen). Croll hat darin eine größere Anzahl von Paracelsus-Rezepten übernommen und sich damit offen zu seinem Lehrmeister bekannt[55]. Schlesien und die Lausitz waren um 1600 ein Gebiet, in dem paracelsische Schriften kursierten, abgeschrieben und studiert wurden. Das Jahr 1600 bezeichnet sowohl das Todesjahr des paracelsusbegeisterten Giordano Bruno als auch das Jahr der großen Vision und des Erkenntnisdurchbruchs bei *Jakob Böhme* (1575–1624). Wer sich in Böhmes berühmtes Frühwerk *Aurora oder Morgenröte im Aufgang* (1612) vertieft, sodann auch in seine anderen Schriften, der wird von der Geistesverwandtschaft mit dem großen Arzt beeindruckt. Bis in die Wortwahl und die Begrifflichkeit hinein läßt sich dieses nachweisen. Hinzu kommt die geistige Nachbarschaft zu Valentin Weigel, dessen Schriften seit 1609 im Druck erscheinen, und den Böhme-Freunden ebenso bekannt sind wie deren Meister[56].

Johann Baptist van Helmont (1577–1644)

kann als Paracelsus-Nachfolger gelten. Er führte dessen ärztliche (Iatro-)Chemie und Naturphilosophie weiter.

In der Gestalt von *Samuel Hahnemann* (1755–1843), der das homöopathische Simile (Ähnlichkeits)-Prinzip zur Geltung brachte und damit der modernen Medizin einen bedeutsamen Impuls gab, fand der paracelsische Geist eine Wiedererweckung.

»Paracelsisch« heißt bei Hahnemann nicht etwa literarische Abhängigkeit des Jüngeren von dem Älteren, zumal es gewichtige Indizien gibt, die gegen eine solche Beeinflussung sprechen.[57] Gemeint ist auch hier eine geistige Verwandtschaft, insofern beide Männer aus einem und demselben geistigen Quellgebiet geschöpft haben müssen. »Paracelsus und Hahnemann scheint eines gemeinsam: die Überzeugung, daß im Gegensatz zu den sowohl in der Renaissance wie auch in der Aufklärung recht üppig wuchernden Spekulationen über die Ursachen und die theoretische Behandlung der Krankheiten die Erfahrung auf Grund eigener Erkenntnisse stehen müsse und daß das Pharmakon ganz unterschiedliche Wirkungen bei den einzelnen Patienten auslösen könne[58].«

Noch viele andere Namen wären hier zu nennen, um die bis heute reichende Wirkungsgeschichte in ihrer Vielfalt wenigstens anzudeuten, beispielsweise auch der des württembergischen Theologen und Pansophen *Johann Valentin Andreae* (1586–1654) als Autor der Rosenkreuzer-Schriften. In *Fama fraternitatis*, 1614 erstmals in Kassel erschienen, verweist der Sprecher der jungen rosenkreuzerischen Bewegung ausdrücklich auf »Theophrastus, so gleichwohl in unsere Fraternität nicht getreten, aber doch den Librum M(undi d. i. das Buch der Natur) fleißig gelesen und sein scharfes ingenium dadurch angezündet[59].«

Im 18. Jahrhundert ist es der seinerseits einflußreiche schwäbische Theosoph, Alchimist und Kabbalist *Friedrich Christoph Oetinger* (1702–1782), der in der Nachfolge Jakob Böhmes einer spirituellen Naturerkenntnis den Weg bahnte[60].

Goethe darf als Dichter des Faust ebensowenig unerwähnt bleiben wie *Novalis* (1772–1801), die beide auf ihre Weise dem in den Materialismus und medizinischen Positivismus hineinsteuernden 19. Jahrhundert die Botschaft des Hohenheimers in Erinnerung brachten, und zwar für jenen Augenblick, in dem die Fähigkeit und die Bereitschaft aufs neue gewachsen sein wird, die Welt als »unus mundus«, als die eine, die geistige und die materielle Dimension umschließende Ganzheit zu erfassen und aus dieser Erkenntnis heraus zu gestalten; heute sagen wir besser: zu *erhalten!*

Warum also Paracelsus? – Mit Friedrich Gundolf könnte man sagen: weil in Paracelsus die Naturwissenschaft »noch nicht auseinandergetreten ist in zahllose dingliche Kenntnisfelder, sondern gerade noch menschlich durchgriffen, nicht mehr gebunden in ein unpersönliches Geistesgefüge, sondern schon regsames Schaffen und Künden der besonderen Seele[61].«

Warum Paracelsus? – Nicht weil es angebracht erscheint, wieder einmal eine »Renaissance« auszulösen oder in Verkennung des paracelsischen Fermentcharakters den Weg in die Vergangenheit anzutreten. Immerhin sehen wir die magisch anmutende

Hieroglyphe des großen Hohenheimers unter einem neuen Licht, genauer: als Menschen, die in neuer Weise der beiden Lichter – dem der Natur und dem des Geistes – bedürftig sind. Und diese Bedürftigkeit zielt hin auf ein spirituelles, ganzheitliches Naturerkennen, das dem Leben, allem Lebendigen, dient, das die Heilung von Mensch und Erde fördert, ohne darüber den Grund alles Seins und Werdens zu vergessen.

Paracelsus sieht »der Menschen Gebäu«, die Steinhaufen ihrer Tempel und Kirchen zerbrechen, aber nicht nur das, denn: »Alle Welt blüht auf aus den Wunderwerken Gottes. Auch Kranksein und Leid sind ihm ein Lob, und lauter Lob ist die Arznei. Der Mensch erfreut sich im Licht der Natur. Alles lebt so und wirkt in vielerlei Gestalten. Die Handwerke blühen und viel tausend Künste. Also triumphieret der Geist Gottes auf Erden unter den Menschen.

Nichts darf feiern auf dieser Welt; in steter Übung müssen wir liegen. Denn nichts hat Gott schon vollendet auf seine Statt; in den Schlacken ist es verborgen, aber der Mensch wird es vollenden. Dann wird es gebracht in seine letzte Substanz und in sein Wesen. *Die Schöpfung ist noch nicht zu End,* ehe denn der Mai der Natur anbricht und *die güldene Welt*[62].« – Welch ein apokalyptischer Ausblick: »die güldene Welt«!

ANMERKUNGEN

[1] Heinrich Schipperges: *Paracelsus,* in: *Die Großen der Weltgeschichte.* Zürich 1974, Band IV, S. 931.

[2] *Heinrich Paracelsus. Der Mensch im Licht der Natur.* Stuttgart 1974, S. 9 (Edition Alpha).

[3] J. W. von Goethe: *Materialien zur Geschichte der Farbenlehre,* in: *Naturwissenschaftliche Schriften.* Mit Einleitungen . . . herausgegeben von Rudolf Steiner (Deutsche Nationalliteratur, historisch-kritische Ausgabe) Stuttgart 1883—1897; Dornach 1975, Band IV, S. 151.

[4] C. G. Jung: *Paracelsica. Zwei Vorlesungen über den Arzt und Philosophen Theophrastus.* Zürich-Leipzig 1942, S. 9 f.

[5] Hans Biedermann: *Handlexikon der magischen Künste von der Spätantike bis zum 19. Jahrhundert.* 2. erw. Aufl., Graz 1973, S. 501.

[6] Paracelsus: *Sieben defensiones,* in: *Werke,* hrsg. von W. E. Peuckert, Band II, S. 513 ff.

[7] Gerhard Wehr: *Esoterisches Christentum.* Stuttgart 1975, S. 192—245.

[8] Paracelsus: *Von den hinfallenden Siechtagen* (1530), in: *Sämtliche Werke,* hrsg. von K. Sudhoff, Band 8, 273 f; zit. nach: *Die Geheimnisse,* hrsg. von W. E. Peuckert. Leipzig 1941, S. 137.

[9] Paracelsus: *Von Ursprung und Herkommen der*

Franzosen (1529), in: *Sämtliche Werke*, Band 7, S. 264 f; zit. nach: *Die Geheimnisse*, S. 183 f.

[10] Paracelsus: *Opus Paramirum* (1531), in: *Sämtliche Werke*, Band 9, S. 66 f; zit. nach *Die Geheimnisse*, S. 184.

[11] Franz Strunz: *Theophrastus Paracelsus. Idee und Problem seiner Weltanschauung*. 2. Aufl., Salzburg-Leipzig 1937, S. 83.

[12] Agrippa von Nettesheim: *Magische Werke*. Berlin 1921. Band I, S. 41.

[13] Paracelsus: *Labyrinthus medicorum errantium*, in: *Werke II*, S. 442.

[14] Paracelsus: a. a. O., S. 441.

[15] Paracelsus: *Elf Tractaten*, in: *Werke I*, S. *157*.

[16] Paracelsus: *Labyrintus medicorum errantium*, in: *Werke II*, S. 448.

[17] Paracelsus: *Astronomia magna oder die ganze Philosophia sagax der großen und kleinen Welt*, in: *Sämtliche Werke*, Band 12, S. 8 ff. zit. nach: *Die Geheimnisse*, S. 217.

[18] Paracelsus: *Astronomia magna* . . ., op. zit. 236 f.

[19] Paracelsus: *Opus Paragranum*, in: *Werke II*, S. 1

[20] Paracelsus: op. cit., S. 6.

[21] Paracelsus: op. cit., S. 7 f.

[22] Johannes Hemleben: *Paracelsus. Revolutionär, Arzt und Christ*. Frauenfeld 1973.

[23] Die Dreigliederungsidee spielt in der Anthroposophie Rudolf Steiners eine zentrale Rolle, und zwar auf mehreren Ebenen, da Steiner ein trinitarischer Denker ist. Vgl. zur menschenkundlichen Grundlegung: Rudolf Steiner: *Von Seelenrätseln. Anthropologie und Anthroposophie* (1917). Dornach 1960; Ders.: *Allgemeine Menschenkunde als Grundlage der Pädagogik* (1919). Dornach 1960. — Zur Medizin: Rudolf Stei-

ner und Ita Wegman: *Grundlegendes für eine Erweiterung der Heilkunst nach geisteswissenschaftlichen Erkenntnissen* (1925). Dornach 1972; ferner: Hans Erhard Lauer: *Erkenntnis und Offenbarung in der Anthroposophie. Das Motiv der Trinität im Lebenswerk Rudolf Steiners.* Basel 1958; Gerhard Wehr: *Der anthroposophische Erkenntnisweg.* Freiburg 1978 (Fermenta cognitionis Band 1).

[24] Paracelsus: *Von den natürlichen Dingen,* in: *Werke I,* S. 297.

[25] *Paracelsus:* op. cit., S. 298.

[26] Paracelsus: op. cit., S. 308 ff.

[27] Paracelsus: op. cit., S. 311 f.

[28] Paracelsus: *Paragranum,* in: *Werke* I, S. 496.

[29] Paracelsus: op. cit., S. 507.

[30] Paracelsus op. cit., S. 509.

[31] Paracelsus: *Paragranum,* in: *Sämtliche Werke,* Band 8, S. 86, zit. bei Heinrich Schipperges: *Paracelsus,* S. 79.

[32] Heinrich Schipperges: *Paracelsus,* op. cit., S. 82.

[33] Paracelsus: *Paragranum,* in *Werke I,* S. 524.

[34] Paracelsus: op. cit., S. 535.

[35] Paracelsus: op. cit., S. 547.

[36] Gerhard Wehr: *Esoterisches Christentum.* Stuttgart 1975, S. 192 ff.: *Alchymie als Kunst der Stoffesumwandlung und der Selbstvollendung;* ferner op. cit., S. 227 ff., S. 240 ff.

[37] Paracelsus: *Paragranum,* in: *Werke I,* S. 544 f.

[38] Paracelsus: op. cit., S. 548.

[39] Will-Erich Peuckert: *Pansophie. Ein Versuch zur Geschichte der Weißen und Schwarzen Magie.* 3. Aufl. Berlin 1976, S. 218.

[40] Paracelsus: *Paragranum,* op. cit., S. 562.

[41] Paracelsus: op. cit., S. 566.

[42] Paracelsus: *Ius iurandum Theophrasti,* zit. nach: *Vom Licht der Natur und des Geistes.* Hsrg. von Kurt Goldammer. Stuttgart 1960, S. 126.

[43] Paracelsus: *De religione perpetua,* in: *Werke IV,* S. 149.

[44] Paracelsus: op. cit., S. 152.

[45] Belege zum Religionsverständnis von Paracelsus finden sich u. a. bei Kurt Goldammer: *Vom Licht der Natur und des Geistes.* Die Zitate dieses Abschnitts erfolgen, sofern nicht anders angegeben nach dieser Auswahl.

[46] Gerhard Wehr: *Aurelius Augustinus. Größe und Tragik des umstrittenen Kirchenvaters.* Gütersloh 1979 (Gütersloher Taschenbuch 460).

[47] Heinrich Bornkamm: *Paracelsus,* in: Bornkamm: *Das Jahrhundert der Reformation. Gestalten und Kräfte.* Göttingen 1966, S. 171.

[48] Paracelsus: *Astronomia magna oder die ganze Philosophia sagax,* in: *Werke III,* S. 65.

[49] Welche erstaunliche Breite der Begriff der Barmherzigkeit im Schrifttum von Paracelsus einnimmt, veranschaulicht Heinrich Schipperges: *Zum Begriff der Barmherzigkeit im ärztlichen Denken des Paracelsus,* in: *Paracelsus — Werk und Wirkung.* Festgabe für Kurt Goldammer, Hrsg. von Sepp Domandl. Wien 1975, S. 235—248.

[50] Hans Urner: *Paracelsus als Christ,* in: *Evangelische Theologie.* 1949, Nr. 7, S. 297.

[51] Paracelsus: *Paragranum,* in: *Sämtliche Werke,* Band 8, S. 43.

[52] Heinrich Schipperges: *Paracelsus,* op. cit., S. 9.

[53] *Paracelsus,* zit. bei Wolfgang Schneider und Monika Klutz: *Die Paracelsus-Rezepte Oswald Crolls,* in:

Paracelsus — Werk und Wirkung. Festgabe für Kurt Goldammer op. cit. S. 291.

[54] Valentin Weigel: *Ausgewählte Werke.* Herausgegeben und eingeleitet von Siegfried Wollgast. Berlin-Ost 1977.
Eine erste kritische Ausgabe erscheint seit 1962, begonnen von Will-Erich Peuckert, fortgeführt durch Winfried Zeller im Frommann-Verlag Stuttgart.
Zur Einführung neuerdings Gerhard Wehr: *Valentin Weigel.* Aurum Verlag, Freiburg 1979 (Fermenta Cognitionis, Band 7).

[55] Vgl. Anmerkung 53.

[56] Eine kommentierte Studienausgabe der Werke Jakob Böhmes erscheint seit 1975 im Aurum Verlag, Freiburg.
Zur Einführung: Gerhard Wehr: *Jakob Böhme, der Geisteslehrer und Seelenführer.* Freiburg 1979 (Fermenta Cognitionis, Band 4).

[57] Hans Schadewaldt: *Der Ähnlichkeitsgedanke bei Paracelsus,* in: *Paracelsus — Werk und Wirkung.* Festgabe für Kurt Goldammer, op. cit., S. 223 ff.

[58] Hans Schadewaldt: op. cit., S. 232.

[59] Gerhard Wehr: *Esoterisches Christentum.* Stuttgart 1975, S. 227 ff.

[60] Gerhard Wehr: *Friedrich Christoph Oetinger. Theosoph, Alchymist, Kabbalist.* Freiburg 1978 (Fermenta Cognitionis, Band 3).

[61] Friedrich Gundolf: *Paracelsus.* Berlin 1927, S. 135.

[62] *Paracelsus,* zit. bei Heinrich Schipperges: *Paracelsus,* op. cit., S. 15.

LITERATURHINWEISE

Bibliographische Übersichten, die dem weiteren Studium förderlich sind, finden sich u. a. bei Kurt Goldammer: *Paracelsus — Vom Licht der Natur und des Geistes.* Stuttgart 1960, S. 199—204; ferner bei Ernst Kaiser: *Paracelsus in Selbstzeugnissen und Bilddokumenten.* Reinbek 1969, S. 143—156.

I. Werke des Paracelsus

Bücher und Schriften . . . Hrsg. von Johann Huser, 10 Bände, Basel 1589—1591; Hildesheim 1968 ff.

Sämtliche Werke. 1. Abt.: *Medizinische, naturwissenschaftliche und philosophische Schriften.* Hrsg. von Karl Sudhoff. 14 Bände, Berlin 1922—1933.

Sämtliche Werke. 2. Abt.: *Theologische und religionsphilosophische Schriften.* Hrsg. von Kurt Goldammer. Wiesbaden 1955 ff.

Sämtliche Werke. Nach der zehnbändigen Huserschen Gesamtausgabe zum ersten Mal in neuzeitliches Deutsch übersetzt von Bernhard Aschner. 4 Bände. Jena 1932.

Sämtliche Werke, in zeitgemäßer Kürzung. Hrsg. von Josef Strebel. 8 Bände. St. Gallen 1944—1949.

Werke. Studienausgabe, hrsg. von Will-Erich Peuckert. 5 Bände. Basel und Darmstadt 1965 ff.

II. Auswahlbände

Hans Kayser: *Schriften Theophrasts von Hohenheim, genannt Paracelsus.* Leipzig 1921.

Von der rechten Heilkunst. Hrsg. von Ludwig Englert. Stuttgart 1939.

Die Geheimnisse. Ein Lesebuch aus seinen Schriften. Hrsg. von Will-Erich Peuckert, Leipzig 1941.

Lebendiges Erbe. Hrsg. von Jolan Jacobi. Zürich 1942.

Theophrastus Paracelsus von Hohenheim: *Das Mahl des Herrn — Auslegung des Vaterunsers.* Nach den Handschriften neu herausgegeben, übertragen und erläutert von Gerhard J. Deggeller. Dornach-Basel 1950.

Auswahl aus seinen Schriften. Hrsg. von Charles Waldemar. München 1959 (Goldmann Taschenbuch 548).

Vom Licht der Natur und des Geistes. In Verbindung mit Karl-Heinz Weimann, mit einer Einführung, hrsg. von Kurt Goldammer. Stuttgart 1960 (Reclam Universalbibliothek 8448/49).

Das Licht der Natur. Philosophische Schriften. Hrsg. von Rolf Löther und Siegfried Wollgast. Leipzig 1973 (Reclam Universalbibliothek 534).

III. Sekundärliteratur

Johann Daniel Achelis: *Die Überwindung der Alchemie in der Paracelsischen Medizin.* Sitzungsberichte der Heidelberger Akademie der Wissenschaften (1942) Heidelberg 1943.

Walter Artelt: *Paracelsus und seine Zeit in Zeittafeln,* in: *Theophrastus Paracelsus 1493—1541.* (Hrsg. von Fritz Jaeger) Salzburg 1941, S. 7—13.

Ildefons Betschaft: *Theophrastus Paracelsus. Der Mensch an der Zeitenwende.* Einsiedeln 1942.

Hans Biedermann: *Handlexikon der magischen Künste von der Spätantike bis zum 19. Jahrhundert.* Graz 1973.

Karl Bittel: *Paracelsus. Leben und Lebensweisheit in Selbstzeugnissen.* Leipzig 1944.

Heinrich Bornkamm: *Paracelsus,* in: Bornkamm: *Das Jahrhundert der Reformation.* Göttingen 1961; 1966, S. 162—176.

Sepp Domandl (Hrsg.): *Paracelsus. Werk und Wirkung.* Festgabe, Kurt Goldammer zum 60. Geburtstag. Wien 1975.

Gerhard Eis: *Vor und nach Paracelsus. Untersuchungen über Hohenheims Traditionsverbundenheit und Nachrichten über seine Anhänger.* Stuttgart 1965.

Hans Fischer: *Die kosmologische Anthropologie des Paracelsus als Grundlage seiner Medizin,* in: *Verhandlungen der naturforschenden Gesellschaft.* Basel 52 (1940/41), S. 267—317.

Kurt Goldammer: *Paracelsus. Natur und Offenbarung.* Hannover-Kirchrode 1953.

Kurt Goldammer: *Paracelsus, Humanisten und Humanismus. Ein Beitrag zur kultur- und geistesgeschichtlichen Stellung Hohenheims (Salzburger Beiträge zur Paracelsusforschung).* Wien 1964.

Elfriede Grabner: *Der Zauberer Paracelsus. Theophrastus von Hohenheim im Lichte volkstümlicher Überlieferung,* in: *Antaios XI,* 1970, S. 380—392.

Friedrich Gundolf: *Paracelsus.* Berlin 1927.

Johannes Hemleben: *Paracelsus. Revolutionär, Arzt und Christ.* Frauenfeld und Stuttgart 1973.

Ernst Kaiser: *Paracelsus in Selbstzeugnissen und Bild-*

dokumenten. Reinbek 1969 (Rowohlt Monographien 149).

Dieter Kerner: *Paracelsus. Leben und Werk.* Stuttgart 1965.

Hans H. Lauer: *Element und Kräfte im Naturverständnis des Paracelsus,* in: *Antaios XI,* 1970, S. 321—334.

Sibylle Lenz: *Zum Begriff der Matrix im paracelsischen Schrifttum,* in: *Antaios XI,* 1970, S. 358—379.

Carl Gustav Jung: *Paracelsica. Zwei Vorlesungen über den Arzt und Philosophen Theophrastus.* Zürich 1942; jetzt in: *Gesammelte Werke,* Band XIII bzw. XV.

Erwin Metzke: *Coincidentia oppositorum. Gesammelte Studien zur Philosophiegeschichte.* Witten 1961, darin: *Erfahrung und Natur in der Gedankenwelt des Paracelsus,* S. 20—58; *Mensch, Gestirn und Geschichte bei Paracelsus.* S. 59—116.

Walter Pagel: *An Introduction to Philosophical Medicine in the Era of the Renaissance.* New York 1958.

Walter Pagel: *Das medizinische Weltbild des Paracelsus. Seine Zusammenhänge mit Neuplatonismus und Gnosis.* Wiesbaden 1962.

Will-Erich Peuckert: *Theophrastus Paracelsus.* Stuttgart 1944.

Will-Erich Peuckert: *Pansophie. Ein Versuch zur Geschichte der Weißen und Schwarzen Magie.* 3. Aufl. Berlin 1976.

Salzburger Beiträge zur Paracelsusforschung. Hrsg. von der Internationalen Paracelsusgesellschaft zu Salzburg. Salzburg-Wien 1960 ff.

Bodo Satorius Freiherr von Waltershausen: *Paracelsus.* Leipzig 1935.

Heinrich Schipperges: *Welt und Mensch bei Paracelsus*, in: *Antaios XI*, 1970, S. 293—320.

Heinrich Schipperges: *Paracelsus. Der Mensch im Licht der Natur.* Stuttgart 1974 (Edition Alpha).

Gerda Sivers: *Die Naturanschauung des Paracelsus.* Diss. Marburg 1937.

Georg Sticker: *Paracelsus. Ein Lebensbild.* Halle 1941.

Franz Strunz: *Theophrastus Paracelsus. Sein Leben und seine Persönlichkeit. Ein Beitrag zur Geistesgeschichte der deutschen Renaissance.* Leipzig 1903.

Franz Strunz: *Paracelsus. Ein Studie.* Leipzig 1924.

Franz Strunz: *Theophrastus Paracelsus. Idee und Problem seiner Weltanschauung.* Salzburg 1937.

Karl Sudhoff: *Versuch einer Kritik der Echtheit der paracelsischen Schriften.* Teil I, Berlin 1894; Teil II, Berlin 1899.

Karl Sudhoff: *Paracelsus. Ein deutsches Lebensbild aus den Tagen der Renaissance.* Leipzig 1936.

Hans Urner: *Paracelsus als Christ*, in: *Evangelische Theologie.* 1948/49, Heft 7, S. 289—307.

Alfred Vogt: *Theophrastus Paracelsus als Arzt und Philosoph.* Stuttgart 1956.

Gerhard Wehr: *Esoterisches Christentum. Aspekte, Impulse, Konsequenzen.* Stuttgart 1975 (Edition Alpha).

Gerhard Wehr: *Jakob Böhme, der Geisteslehrer und Seelenführer.* Freiburg 1979 (Fermenta Cognitionis, Band 4).

Karl-Heinz Weimann: *Paracelsus-Bibliographie* 1932—1960. Mit einem Verzeichnis neu entdeckter Paracelsus-Handschriften (1900—1960). Wiesbaden 1963.

Ferdinand Weinhandl: *Paracelsus-Studien.* Hrsg. von Sepp Domandl. Wien 1970.

Friedrich Wilhelm Wentzlaff-Eggebert: *Deutsche Mystik*

zwischen Mittelalter und Neuzeit. 3. erw. Auflage Berlin 1969 (mit ausführlicher Bibliographie).

Otto Zekert: *Paracelsus in der Zeit. (Salzburger Beiträge zur Paracelsusforschung,* Heft 1). Salzburg 1960.

Otto Zekert: *Die große Wanderung des Paracelsus. De peregrinatione Paracelsi magna.* Ingelheim 1965.

Otto Zekert: *Paracelsus. Europäer im 16. Jahrhundert.* Stuttgart 1968.

INTERNATIONALE PARACELSUS-GESELLSCHAFT

Der Erforschung von Persönlichkeit und Werk von Theophrastus Paracelsus dient die Internationale Paracelsus-Gesellschaft zu Salzburg. Sie hat die Aufgabe, die Paracelsus-Forschung zu vertiefen und die dabei gewonnenen Erkenntnisse zu verbreiten, sowie die durch ihn beeinflußte Weiterentwicklung der Natur- und Geisteswissenschaften in ihren Wechselbeziehungen zu untersuchen und in seinem Sinne zu fördern. Diesem Ziel dienen die in zwangloser Folge von der IPG im Selbstverlag herausgegebenen *Salzburger Beiträge zur Paracelsus-Forschung.*

Das Generalsekretariat der Internationalen Paracelsus-Gesellschaft hat seinen Sitz in Salzburg, Rathaus.

INHALT

FERMENTA COGNITIONIS

Nichts weniger als »fermenta cognitionis« — Antriebskräfte für den individuellen Erkenntnisprozeß — möchte diese neue Kleinbuchreihe vermitteln, die Gerhard Wehr betreut. Es ist eine anregende, das eigene Denken und spirituelle Forschen inspirierende und voranbringende Fermentwirkung beabsichtigt. Deshalb stehen Gestalten und Strömungen des geistigen Lebens in Geschichte und Gegenwart jeweils im Mittelpunkt. Die in zwangloser Folge erscheinenden Bände wollen wesentliche Elemente christlicher Spiritualität vermitteln. Prof. Dr. theol. Ulrich Mann über den Verfasser: »Gerhard Wehr ist ein Phänomen: Mit umfassender Gestaltungkraft bewältigt er Stoffmassen, vor denen mancher Zünftige zurückscheut. Mit bewundernswertem Urteil vermag er den religiösen, insbesondere christlichen Stoff zu durchschauen, zu sichten, zu klären und zu werten und nicht zuletzt ihn auszumünzen für unsere Zeit. Er hat das esoterische Christentum in hervorragender Weise gewürdigt . . .«

AURUM VERLAG · FREIBURG IM BREISGAU

FERMENTA COGNITIONIS
herausgegeben von *Gerhard Wehr*

DER ANTHROPOSOPHISCHE ERKENNTNISWEG
120 S., kart. cell.

Gerhard Wehr, Autor zahlreicher Werke zur Geistesgeschichte und Esoterik, schildert in diesem Buch die Besonderheit des anthroposophischen Erkenntnisweges. Auf der Basis der Menschenkunde Rudolf Steiners beschreibt er die Stufen für eine spirituelle Erweiterung des Bewußtseins.

RUDOLF STEINER
ALS CHRISTLICHER ESOTERIKER
112 S., kart. cell.

»Der Christus wird noch in vielen Formen an die Menschheit herantreten . . . Das Christentum steht nicht am Ende, sondern am Anfang seiner Wirksamkeit.« (Rudolf Steiner)
Unbeeinflußt von allen Kontroversen der Gegner und Anhänger der Anthroposophie, zeichnet Gerhard Wehr ein überraschendes Bild ihres Gründers.

VALENTIN WEIGEL
Der Pansoph und esoterische Christ
112 S., kart. cell.

Bei Valentin Weigel fügen sich Natur- und Gotteserkenntnis zu einer Einheitsschau zusammen. Der umfassend, nämlich natur- und geisteswissenschaftlich Gebildete, erweist sich als ein Mann, der vom Geist der mittelalterlichen Mystik Meister Eckharts, Johannes

Karlfried Graf Dürckheim

MÄCHTIGKEIT, RANG UND STUFE DES MENSCHEN

64 S., kart. cell.

Unverändert gültig geblieben, ja heute aktueller denn zur Zeit ihres Entstehens vor etwa 30 Jahren, ist diese Schrift Karlfried Graf Dürckheims, die grundsätzliche Erkenntnisse zur Existenz unseres Menschseins aussagt.

Muktananda Paramahamsa

DAS MANTRA SO'HAM

— Eine Meditationstechnik für jedermann —

Mit einem Vorwort von Amrita Bharati

2. Auflage, 48 Seiten, kart., cell.

»So'ham« ist das Grundmantra des Japa-Yoga. Muktananda hebt die Einfachheit der Technik, den jede Erwartung übersteigenden Gewinn und die wissenschaftliche Beweisbarkeit hervor. Seine Botschaft lautet: »Meditiere über Dein eigenes Selbst, Gott lebt in dir als Du.«

Alan Watts und Lama Anagarika Govinda

DIE KUNST DER KONTEMPLATION

2. Aufl., 80 Seiten, kart. cell.

Dieser kleine Band darf zu den wenigen Kleinodien gezählt werden, die zum Thema der Kontemplation und der Meditation geschrieben wurden. Zwei Vertreter hoher Geistigkeit, die den östlichen und westlichen Kulturkreis durchforscht und durchlebt haben, geben hier einen universalen Überblick.